月井　剛

戦国期地域権力と起請文

岩田選書◉地域の中世17

岩田書院

図 16 ～図 19　第一章「起請文の諸様式」関係図版

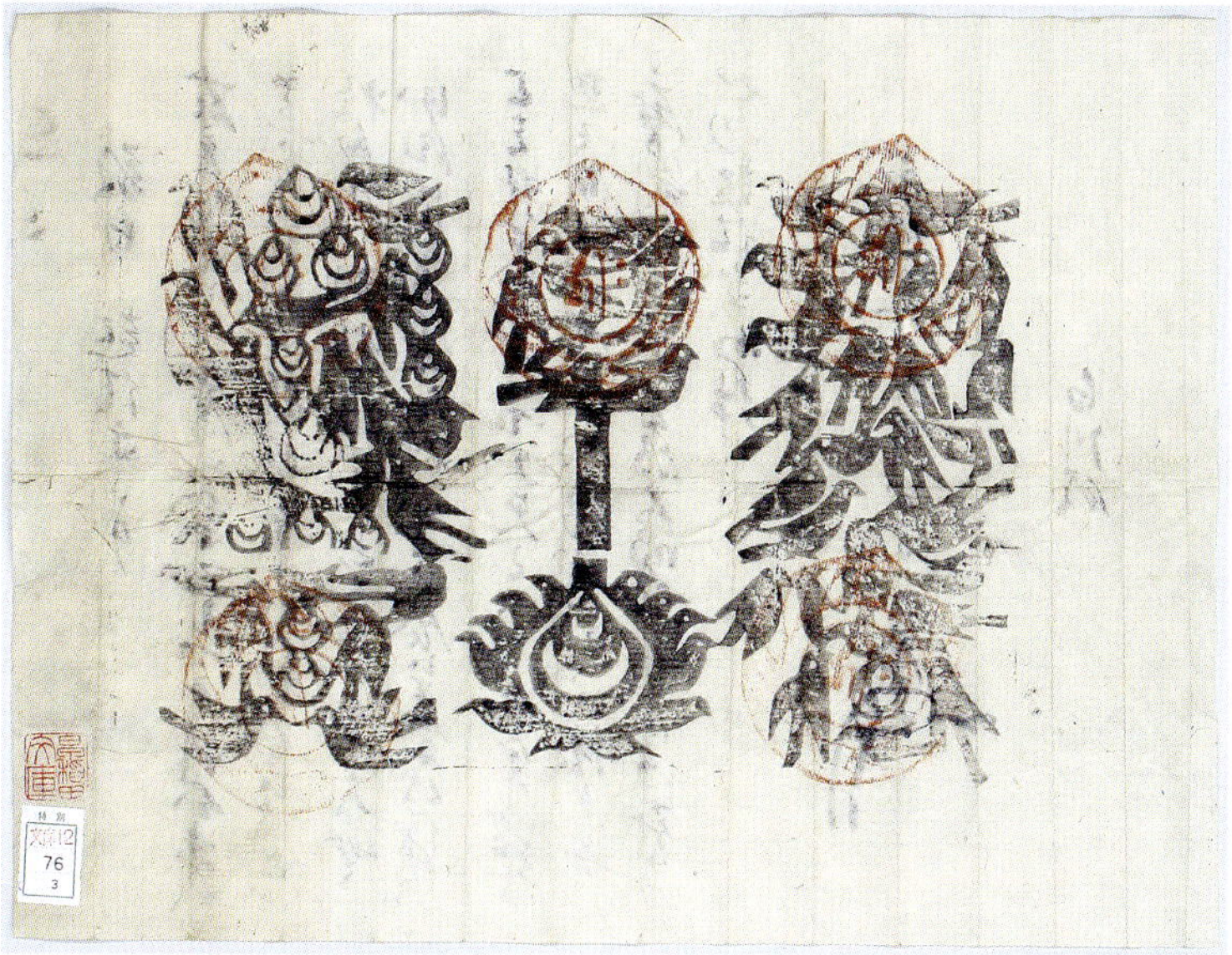

第一章 図16（表3No.6） 永禄6年2月21日　白川晴綱宛北条氏康起請文

（早稲田大学図書館所蔵「結城白川文書」）

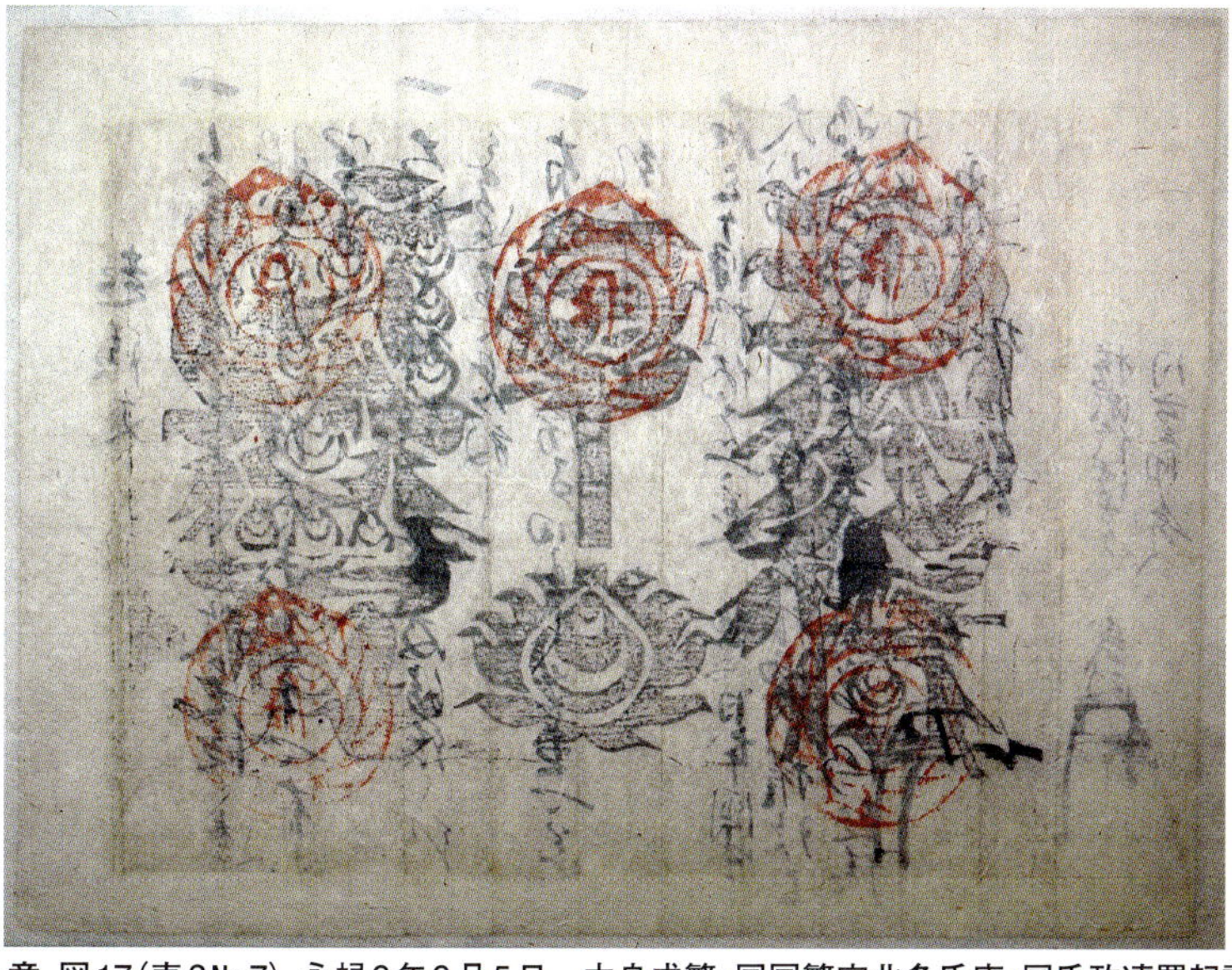

第一章 図17（表3No.7） 永禄9年9月5日　由良成繁・同国繁宛北条氏康・同氏政連署起請文

（東京大学文学部日本史学研究室所蔵「由良文書」）

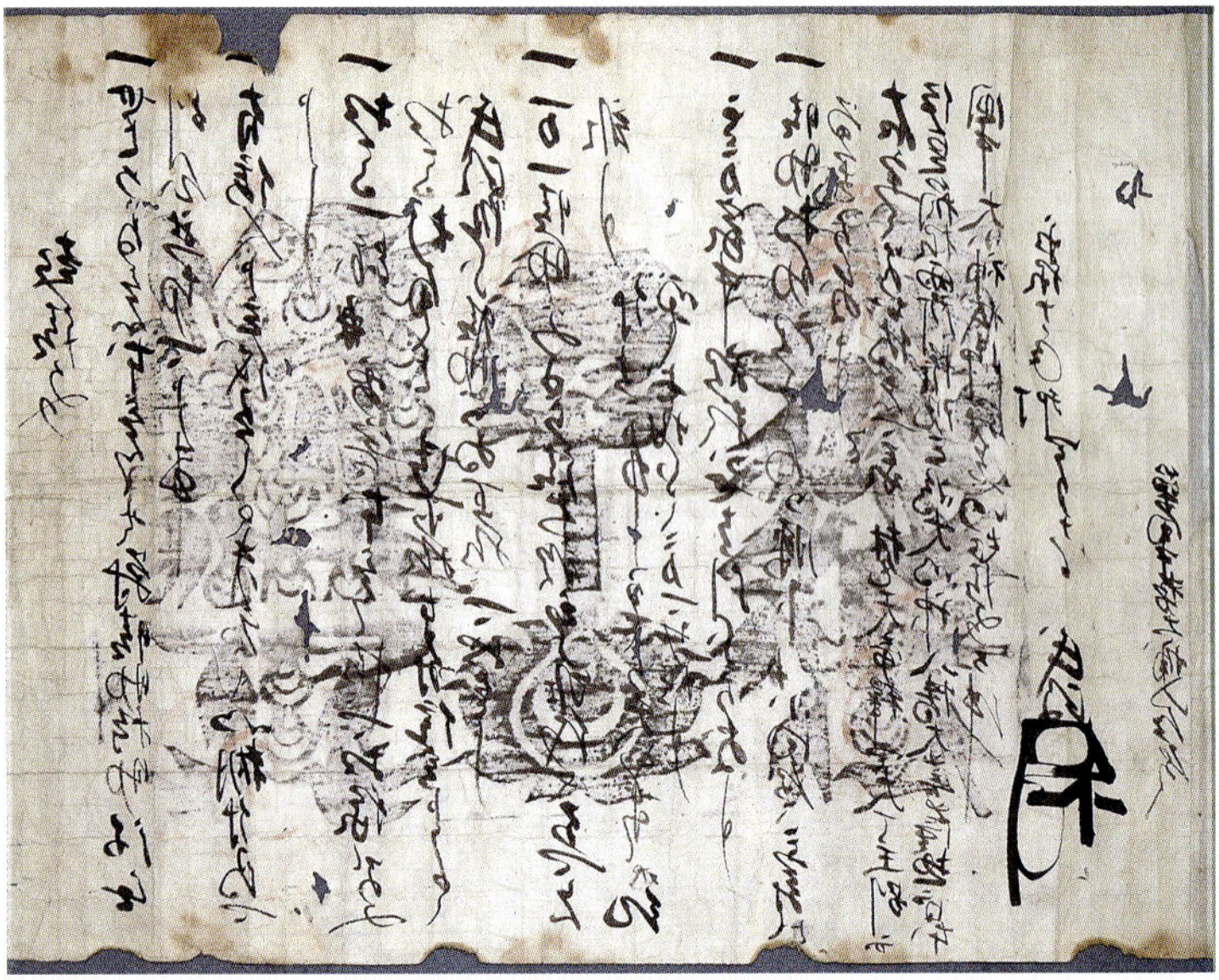

第一章 図18（表3№8） 永禄10年4月18日　簗田晴助宛北条氏政起請文

（千葉県立関宿城博物館寄託「簗田家文書」）

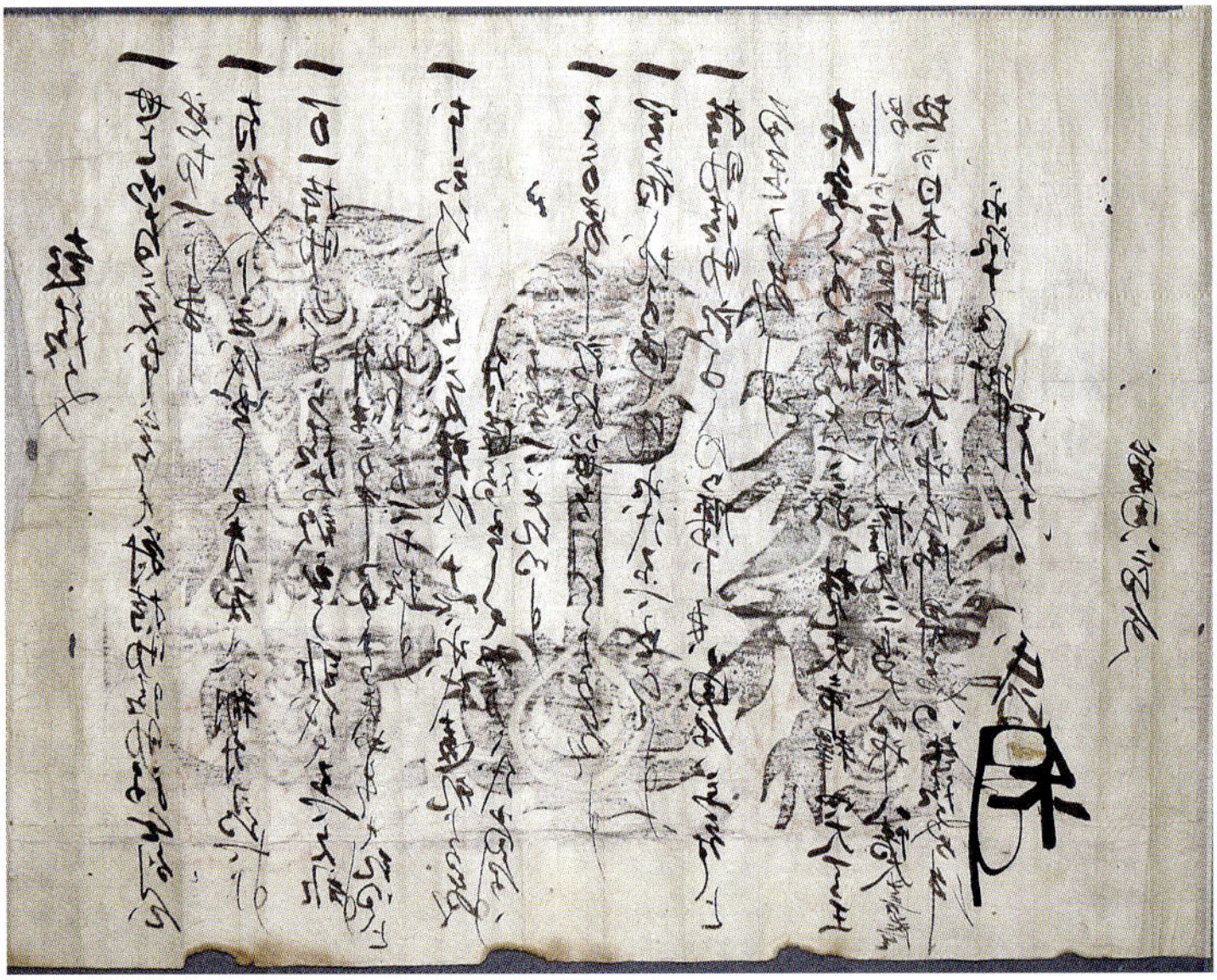

第一章 図19（表3№9） 永禄10年4月18日　簗田持助宛北条氏政起請文

（千葉県立関宿城博物館寄託「簗田家文書」）

目次

凡　例

・史料引用に際し、頻出する刊本・文書は以下のように略記した。
『茨城県史料』中世編Ⅳ・『茨城県史料』中世編Ⅴ→『茨城』Ⅳ・『茨城』Ⅴ
秋田藩家蔵文書→家蔵
・その他の略号を用いる時は、適宜各章の初出時に示した。
・引用した史料は、可能な限り原本または写真版で文字を確認し、一部読み改めた箇所がある。

序章

本書は、戦国期東国[1]（関東に加え、甲信越・南奥を含む[2]）の地域権力[3]が発給した起請文について、料紙（牛玉宝印《ごおうほういん》）等の古文書学的特徴、交換に至るまでの政治過程、発給・徴収手続等を分析し、領主権力の一端を考察したものである。ここでは、主に東国を中心とした戦国期の起請文に関する先行研究について概観し、本書の視角・構成を提示することとしたい。

一　戦国期の起請文に関する研究

起請文は、史料上「誓詞」「誓書」等とも呼ばれ、人が他人と約束を取り交わすにあたって、神・仏を仲立ちとし、偽りがあれば罰を蒙ることを確約した文書である。本来起請文は神仏に捧げられる性質のものであったが、室町期頃からは宛名が記され、相手の手元に残されるようになっていく[4]。また、戦国期の起請文料紙には、牛玉宝印という護符が多く用いられ、さらに、誓約の意思表示を強く示す血判を据える例も多くなる[5]。このように様式的に整えられた起請文は、戦国期において、家臣の主君への臣従、地域権力間における和睦・同盟の締結等、様々な場面で取り交わされた[6]。

戦国期の起請文については、現在まで多方面から研究の蓄積がなされている。それらを大別すると、起請文原本の調査を踏まえた様式に関する古文書学的検討、起請文の神文・罰文の分析による宗教的意義の考察、起請文を政治過程の中に位置付けた研究に分けられる。以下、それぞれ代表的な研究を挙げていきたい。

まず、起請文の様式に関する研究は、近年特に進展が見られる分野であるが、その中でも相田二郎「起請文の料紙牛王宝印について」(7)、生島足島神社・東信史学会・塩田文化財研究所編『信玄武将の起請文』(8)、千々和到「徳川家康の起請文」(9)、同氏「中世の誓約の作法」(10)等が挙げられる。相田氏は、起請文の料紙として使用された牛王宝印の図様細部の特徴に関して詳細に言及するとともに、牛玉宝印の中でも全国的に領主層で使用事例が多い「那智瀧宝印」について、その図様の時期的な変遷を初めて整理した。また、『信玄武将の起請文』は、生島足島神社蔵起請文一点ごとの血判・版木・朱印等の古文書学的知見及び精細な写真を掲載するとともに、「那智瀧宝印」の版木について様式的な分類を試み、部分的には地域的な関連を見いだせるが、大部分は無統一に多くの版木を料紙に使用していることを指摘している。さらに千々和氏は、家康起請文に用いられた「白山瀧宝印」の形状を分析し、家康に牛玉宝印をもたらす白山の先達に二つの系統があったこと、後北条・伊達・越後上杉氏等の起請文の血判・牛玉宝印・様式に関する検討によって、血判の作法の違いや牛玉宝印が各領主により意図的に選別されたこと等を明らかにしている。

次に、神文・罰文の研究については、地域や個別領主ごとに詳細な分析がなされている。中世越後の起請文の勧請神仏名・罰文から信仰面を考察した、竹田和夫「謙信の起請・祈願・呪法」(11)、生島足島神社蔵起請文の勧請神仏名を整理しその特徴について触れた、前掲『信玄武将の起請文』、家康起請文の勧請神仏の分析から起請文発給者・受給者間で神仏名が協議されたことを指摘した、平野明夫「徳川氏の起請文」(12)等が挙げられる。また、千々和到「中世の起請文に見る神仏」(13)は神文分析の研究史を整理した上で、「霊社上巻起請文」(14)の神文を分析する必要性等を提起している。なお、勧請神仏についての分析は、西国でも特筆すべきものが多い(15)。

起請文の発給・徴収手続や交換に至る政治過程の研究については、黒田基樹「宣戦と和睦」[16]、同氏「戦国大名北条氏の他国衆統制（一）」[17]、垣内和孝「服属の作法」[18]、前掲平野論文等がある。黒田氏は、後北条氏を分析の中心として、起請文交換の際、起請文条文の内容交渉、双方からの案文の提示・作成、「血判の証人」という相手側使者の眼前で血判を据える、という一連の手続を明らかにした[19]。さらに、後北条氏・国衆間において、後北条氏が援軍の派遣、進退の保証等を誓約したことに対し、国衆が忠節や走廻を誓約したこと、統制・従属関係が形成されるたびに起請文を交換したこと、「指南」（御一家衆・宿老）も国衆と起請文を交換し、国衆の進退の保全を担うこと、等を指摘している。これらを受けて垣内氏は、境目地域の大内定綱・片平親綱兄弟が蘆名方から伊達方へ転じる服属の作法として、条件交渉→服属者から被服属者への起請文→軍事行動→被服属者から服属者への起請文→服属者が被服属者へ参向、という過程を指摘した。また、平野氏は、徳川家康の起請文が家臣の起請文、「証人」あるいは使者の起請文、家康知行安堵状と組み合わされて機能すること等を明らかにし[20]、起請文交換は見参を促すための処置であると述べている。

さらに、生島足島神社蔵起請文の作成経過・提出手続・条文内容・発給背景等について考察した、柴辻俊六「「永禄武田将士起請文」の歴史的考察」[21]、越相同盟締結時の起請文交換に至る政治交渉過程を検討した、遠藤ゆり子「越相同盟に見る平和の創造と維持」[22]も、起請文を政治過程の中で位置付けた研究として重要である[23]。

以上、主に戦国期東国の起請文に関する研究を概観してきたが、この他、近年では千々和到氏を中心として護符文化としての総合的研究が進められている[24]。

二　本書の視角・構成

前述した先学による貴重な研究成果を受け、本書では、主に起請文の様式面（料紙等）と実態的側面（内容・手続等）から戦国期東国の地域権力を考察する。[25]その際特に、起請文の分析対象地域・領主層を拡げ基礎的事実の集積を図り、さらにそれを踏まえた上で、戦国期地域権力間の比較検討を試みたい。主な分析対象としては、従来起請文そのものについてはあまり触れられておらず、今後一層の研究の進展が期待される北関東及びその周辺地域の地域権力を中心に、検討することとする。

なおここで、本書における起請文の捉え方について、述べておきたい。起請文は、前書（誓約内容）と神文・罰文（神仏の勧請・自己呪詛文言）が構成要件である。[26]さらに、起請文の書止文言には、書札礼の厚薄に関係なく、「如件」形を使用することが基本であるとされる。[27]本書では、こうしたものをとりあえず定型的な起請文と考えるが、[28]戦国期東国には、神文等が記され書止文言に「恐々謹言」形を使用する書状等が多数確認できる。こうした起請文言を含む書状[29]等の中にも、起請文の機能を有しているものが多数見られるため、[30]分析の対象に加え定型的な起請文との相違を比較検討することとしたい。

次に、本書の構成を提示する。

起請文の様式については、起請文料紙に使用された「那智瀧宝印」の版木や朱印の形状を中心に、料紙の特徴を分析する。こうした視角からの検討は、千々和到氏と大河内千恵氏による鳥羽藩起請文群の版木・朱印等の分析に代表されるように、近世の側から精細な研究が行われているものの、[31]戦国期については、なお検討の余地が残されている。

特に、牛玉宝印の中でも全国的に使用事例が多い「那智瀧宝印」については、それぞれ少しずつ版の図様が異なっているため、紀伊の那智社で出されたものか、あるいは在地の神社から出されたものなのか、特定することが極めて困難である。[32]本書では、前掲千々和氏の研究成果や相田氏の分析手法に学び、常陸の佐竹氏、南奥領主、小田原の後北条氏が発給した起請文の様式に関する古文書学的特徴を精査することで、戦国期地域権力の文書作成の一端について言及する（第一章「起請文の諸様式―佐竹氏・南奥領主・後北条氏の比較検討―」）。さらに、越後長尾・上杉氏権力に従属する一ランクまたは二ランク下の領主層で、関係する貴重な起請文原本が多数残されている越後の「揚北衆」についても、同様の分析手法で検討を行いたい（第二章「「揚北衆」の起請文」）。

「洞」を基盤とした北関東の地域権力は、「屋形」が一族・家臣等と個々に取り交わす起請文によって結合関係を強化したと言われている。[33]そのため、起請文発給者・受給者間の身分・家格の差を踏まえ、個々の服属状況をより具体的に明らかにする必要があるだろう。そこで本書では、宇都宮一族の笠間氏と武茂氏を事例として、上部権力との起請文交換の歴史的背景、服属過程、起請文交換後の動向を追究する（第三章「笠間氏の服属過程―起請文の交換に着目して―」、補論「武茂氏の動向」）。さらに、南奥・北関東地域の代表的な地域権力であり、秋田藩家蔵文書等多数の史料が残されている佐竹氏を特にとりあげ、起請文と起請文言を含む書状・判物を網羅的に検出し、内容・発給契機・手続等の比較検討を行うことで、権力編成の在り方の一端について言及する（第四章「佐竹氏の起請文発給・受給形態」）。

また、すでに前掲黒田論文によって精細な検討がなされている後北条氏については、佐竹氏同様、起請文と起請文言を含む書状・判物の比較検討を行うとともに、後北条氏に属する領主層からの起請文徴収過程にも注目し、その特徴を具体的に述べる（第五章「後北条氏の起請文発給・受給形態」）。

終章では、本書各章で明らかにしたことをまとめ、特に佐竹氏と後北条氏の起請文に関する相違点について、若干の卑見を述べることとしたい。

註

（1） 本書では、始期を明応～永正期頃、終期を天正末頃とする。

（2） 本書で述べる南奥とは、おおよそ現在の宮城県南部と福島県全域を指す。

（3） 本書で述べる「地域権力」とは、一国ないし数ヶ国にわたる領域や郡程度の領域を支配した領主権力を念頭においている。

（4） 佐藤進一『〔新版〕古文書学入門』（法政大学出版局、一九九七年）、千々和到「起請文」（『概説古文書学』古代・中世編所収、吉川弘文館、一九八四年）。

（5） 荻野三七彦「古文書に現れた血の慣習」（同『日本古文書学と中世文化史』所収、吉川弘文館、一九九五年、初出一九三八年）。

（6） 戦国大名間の和睦・同盟は、最終的には起請文を取り交わすことにより成立するという（粟野俊之「戦国期における合戦と和与」〈中世東国史研究会編『中世東国史の研究』所収、東京大学出版会、一九八八年〉）。

（7） 相田二郎「起請文の料紙牛王宝印について」（同『日本古文書学の諸問題』所収、名著出版、一九七六年、初出一九四〇年）。

（8） 生島足島神社・東信史学会・塩田文化財研究所編『信玄武将の起請文』（信毎書籍出版センター、一九八八年）。この他、生島足島神社蔵起請文の牛玉宝印について論究したものに、千々和到「神蔵牛玉宝印について」（『千曲』六九、一九九一年）がある。

（9）千々和到「徳川家康の起請文」（『史料館研究紀要』三一、二〇〇〇年）。
（10）千々和到「中世の誓約の作法」（二木謙一編『戦国織豊期の社会と儀礼』所収、吉川弘文館、二〇〇六年）。
（11）竹田和夫「謙信の起請・祈願・呪法」（池享・矢田俊文編『定本・上杉謙信』所収、高志書院、二〇〇〇年）。この他、越後領主を対象とした研究には、越後小泉荘の起請文に勧請された「地域神」の性格を明らかにした、栗原修「起請文にみる「地域神」と地域社会」（広瀬良弘編『禅と地域社会』所収、吉川弘文館、二〇〇九年）、謙信が氏神春日大明神を用いて領主を統合していく論理を指摘した、山本春奈「起請文にみる上杉謙信の領国統合論理」（『大谷大学大学院研究紀要』三〇、二〇一三年）等がある。
（12）平野明夫「徳川氏の起請文」（同『徳川権力の形成と発展』第一章第四節、岩田書院、二〇〇六年）。
（13）千々和到「中世の起請文に見る神仏」（『日本文化と神道』國學院大學21世紀COEプログラム二所収、文部科学省21世紀COEプログラム國學院大學「神道と日本文化の国学的研究発信の拠点形成」、二〇〇六年）。
（14）専論として、千々和到「霊社上巻起請文」（『國學院大學日本文化研究所紀要』八八、二〇〇一年）を参照。
（15）ここでは、肥前国内において交わされた起請文の神文を網羅的に検討した、堀本一繁「戦国期における肥前河上社と地域権力」（一宮研究会編『中世一宮制の歴史的展開』上所収、岩田書院、二〇〇四年）、島津氏起請文の神文の時期的変遷を整理した、福島金治「戦国島津氏の起請文」（同『戦国大名島津氏の領国形成』所収、吉川弘文館、一九八八年、初出一九八七年）を挙げておく。
（16）黒田基樹「宣戦と和睦」（同『中近世移行期の大名権力と村落』第一部第二章、校倉書房、二〇〇三年、初出二〇〇〇年）。
（17）黒田基樹「戦国大名北条氏の他国衆統制（一）」（同『戦国大名領国の支配構造』第一章、岩田書院、一九九七年、初出一九九六年)。

(18) 垣内和孝「服属の作法」(『郡山地方史研究』四〇、二〇一〇年)。

(19) 使者の眼前で血判を据えることについては、註(5)荻野論文でも指摘がある。

(20) 山田邦明氏は、遠江堀江城の城将が家康に降伏する際、家康とその重臣、和睦の使者が城将へ血判起請文を提出するまでの具体的状況を明らかにしている(「開城と降伏の作法」〈小和田哲男先生古稀記念論集刊行会編『戦国武将と城』所収、サンライズ出版、二〇一四年〉)。

(21) 柴辻俊六「「永禄武田将士起請文」の歴史的考察」(『武田氏研究』四一、二〇一〇年)。生島足島神社蔵起請文に関する研究史についても、同氏論文を参照。この他、武田氏関連の起請文については、いわゆる「天正壬午甲信将士起請文」を考察した、柴辻俊六「武田家臣団の解体と徳川政権」(同『戦国大名領の研究』第四章第二節、名著出版、一九八一年、初出一九七〇年)、武田氏が木曽氏の家中から起請文を提出させる政治状況を明らかにした、平山優「一通の某起請文に関する一考察」(『武田氏研究』二七、二〇〇三年)がある。

(22) 遠藤ゆり子「越相同盟に見る平和の創造と維持」(藤木久志・黒田基樹編『定本・北条氏康』所収、高志書院、二〇〇四年)。この他、越相同盟時において起請文を運ぶ使者に着目した、大河内千恵「越相一和における使節の往還」(『史学研究集録』二〇、一九九五年)がある。

(23) 織田信長起請文を基軸として、本願寺との和睦交渉過程を明らかにした、竹本千鶴「織田信長と起請文」(『国史学』二一四、二〇一四年)も、貴重な成果である。

(24) 文部科学省21世紀COEプログラム國學院大學「神道と日本文化の国学的研究発信の拠点形成」編集・出版『神道と日本文化の国学的研究発信の拠点形成　研究報告Ⅱ』(二〇〇七年)、千々和到編『日本の護符文化』(弘文堂、二〇一〇年)。

(25)　戦国期東国の起請文神文の分析・検討については、後日の課題としたい。なお、佐竹氏起請文の神文については、今泉徹「戦国期佐竹氏の権力確立と鹿島神宮」(註(10)二木編著書所収)の中に指摘がある。氏は、弘治年間頃から佐竹氏当主起請文に、常陸一宮である鹿島神宮が佐竹氏の氏神である八幡大菩薩と同程度に重視されて記された点を指摘し、佐竹氏が領国内外に常陸一国の支配者として自家を位置付ける意識があったとみる。

(26)　註(4)と同じ。

(27)　丸島和洋『戦国大名の「外交」』(講談社、二〇一三年)、註(12)平野論文。

(28)　拙稿「戦国期佐竹氏の起請文に関する一考察」(『栃木県立文書館研究紀要』一七、二〇一三年)では、これを「判物形式の起請文」と仮称した。しかし、戦国期の判物が下達文書を指すのに対し、起請文は本来上申文書とされるため(註(4)佐藤著書)、「判物形式の起請文」という名称は適切ではない。そのため本書では、この名称を使用しないこととする。

(29)　註(28)拙稿では、これを「書状形式の起請文」と仮称したが、本文のように訂正する。起請文言が記され書止文言が「恐々謹言」形の書状には、定型的な起請文とほぼ同様の神文・罰文が記された形式の他、罰文の中の自己呪詛文言が明確には記されず神仏名に「照覧」文言がある形式、神文・罰文が文末ではなく文の途中に記されている形式等が見られる。このような様々な形式のものを「書状形式の起請文」と一括して呼んでよいか、大いに検討の余地がある。また、例えば佐竹氏には、書止文言に「恐々謹言」を使用しているものの、付年号が記され内容的には判物と呼ぶべきものが若干見られ(本書第四章)、さらに後北条氏には、神仏名に「照覧」文言がある形式で、書止文言が「如件」の判物が確認できる(本書第五章)。そのため、本書ではこれらを起請文言を含む書状または判物と呼んで、分析することとする。起請文言を含む書状・判物のどこまでを起請文と呼ぶべきかという、起請文の定義に関わる問題については、他地域・他氏族の数多くの事例を検出し、今後も慎重に検討を続けていきたい。

(30)　起請文を受給した上で、起請文言を含む書状・判物を発給している事例(本書第四章・第五章)は、少なくとも起請文の交換と同様の作法である。つまりこの場合、起請文言を含む書状・判物は、起請文の機能を有していると言える。この点については、註(4)千々和論文でも「請文などの末尾に「起請の詞」が記されているようなものも、多分、起請文と同じ機能をもったと考えて良いだろう」と述べられている。

(31)　千々和到・大河内千恵「鳥羽藩御側坊主等起請文群の調査」(註(24)千々和編『日本の護符文化』所収、初出二〇〇七年)、大河内千恵『近世起請文の研究』(吉川弘文館、二〇一四年)。この他、平野明夫「徳川将軍家代替わりの起請文」(註(12)平野著書第三章第二節、初出二〇〇一年)、嶋津宣史「熊野信仰と那智瀧宝印」(町田市立博物館編集・出版『牛玉宝印』所収、一九九一年)等がある。版木の調査・分析方法については、千々和到・太田直之「中・近世の牛玉宝印と起請文」(『神道と日本文化の国学的研究発信の拠点形成　研究報告書』所収、國學院大學21世紀ＣＯＥプログラム研究センター、二〇〇三年)を参照。

(32)　千々和到「祈りと誓いの形木・牛玉宝印」(網野善彦・石井進・谷口一夫編『中世資料論の現在と課題』所収、名著出版、一九九五年)。

(33)　市村高男「戦国期における東国領主の結合形態」(同『戦国期東国の都市と権力』第一編第二章、思文閣出版、一九九四年、初出一九八一年)。

〔付記〕　脱稿後、藤井崇「西国大名と盟約」・則竹雄一「東国大名と盟約」・平井上総「織田政権と盟約」(酒井紀美編『契約・誓約・盟約』所収、竹林舎、二〇一五年)に接した。本書に関わる重要な視角・内容が提示されているため、あわせて参照されたい。

第一章　起請文の諸様式
―佐竹氏・南奥領主・後北条氏の比較検討―

はじめに

本章では、戦国期東国の地域権力が発給した起請文として、佐竹氏・南奥領主層・後北条氏の起請文を分析対象としてとりあげ、料紙に使用された「那智瀧宝印」の版木や朱印の形状を中心に、料紙の特徴を比較検討することで、起請文の様式に関する古文書学的特徴を精査する。そして、起請文の様式に関する検討を通じて、起請文を含めた戦国期地域権力の文書作成の一端、特に料紙に着目して言及したい。

なおここでは、料紙に牛玉宝印が使用された起請文原本を主に考察の対象とし、論を進めていくこととする。

一　佐竹氏の起請文

はじめに、佐竹氏の起請文料紙に使用された「那智瀧宝印」の版木・朱印の形状を検討する（表1「烏点宝珠の数」「印文字」「宝珠」）。原本として残された佐竹氏起請文は、管見の限り全て牛玉宝印として「那智瀧宝印」を使用しており[1]、多くが牛玉紙一紙の裏に前書と神文・罰文を記す形式である[2]（表1「牛玉宝印」）。誓約の意思表示を強く示す血判[3]

については、管見の限り全て、花押またはその周辺部に確認できる(4)。

版木・朱印の形状を分析する方法としては、相田二郎氏の研究(5)を参照し、「那智瀧宝印」が刷られた版面について、烏点宝珠の数・形・向き、「印」の垂直の線中に表された文字（本章では「印文字」と呼ぶ）、群鴉に囲まれた宝珠の図と中に表された文字（本章では「宝珠」と呼ぶ）、版木の欠損部分(6)等の特徴を抽出する（なお、版木の異同についてできるだけ正確さを期すため、外見的特徴がほぼ同じ場合、版面の法量、「印」の垂直な線の長さ、「宝珠」の楕円形部分の法量を計測した）。また、牛玉宝印の本質(7)で、その中身は本地仏の種子を表す(8)と言われる朱印については、数・配置・印形の特徴を可能な限り言及したい。

表1　佐竹氏起請文

（1）佐竹氏当主

No.	年月日	発給者	宛所	法量	牛玉宝印	烏点宝珠の数	印文字	宝珠	出典
1	弘治三・一〇・三	佐竹義昭	那須殿	二四・一×三一・〇	那智一紙朱印五	那（一五）智（一三・宝一）瀧（一三・宝七）宝（一一・宝六）印（八・宝一）宝珠（一一）	大（陽）	吉・線一	金剛寿院文書『茨城』Ⅵ
2	（弘治三〜永禄初年）二・二八	佐竹義昭	那須殿	二四・五×三一・九	那智一紙朱印五	那（一五）智（一三・宝一）瀧（一三・宝七）宝（一一・宝六）印（八・宝一）宝珠（一一）	（文字不詳）（陽）	線三	金剛寿院文書『茨城』Ⅵ
3	永禄二・六・三	佐竹義昭	沢井左衛門大夫殿	二三・七×三一・三	那智一紙朱印五	那（一五カ）智（一三・宝一）瀧（一一・宝七）宝（一一・宝六）印（八）宝珠（一三）	日本大一（陽）	線二・吉	沢井幸一家文書『石川』三〇八号
4	元亀三・六・二	佐竹義重	那須殿	二三・八×三〇・七	那智一紙朱印五	那（一四）智（一三・宝一）瀧（一一・宝七）宝（一一・宝六）印（八）宝珠（一三）	（文字無）	線二カ	金剛寿院文書『茨城』Ⅵ

5	(天正六・八・一七)	佐竹義重	(白川殿)	三三・五×三〇・〇(後欠)	那智一紙 朱印五	那(一五)智(一三・宝二)瀧(一三・宝七)宝(一一・宝六)印(八・宝二)宝珠(一二)	(文字無)	線一・吉(線)	早大白川文書『白河』九三七号
6	天正七・八・五	佐竹義重	白川殿	三三・〇×三〇・八	那智一紙 朱印五カ	那(一四)智(一一カ・宝二)瀧(一一カ・宝七)宝(一二・宝六)印(八カ・宝二)宝珠(一一)	(文字無)	線三	早大白川文書『白河』九四一号
7	天正一〇・六・二四	佐竹義重	烏山南・那須殿	三三・三×三四・八	那智一紙 朱印五	那(一四)智(一三・宝二)瀧(一二カ・宝七)宝(一一・宝六)印(八)宝珠(一三)	日本大一(陽)	線二・吉	金剛寿院文書『茨城』VI
8	天正一一・五・一〇	佐竹義重	大関美作守殿	三三・〇×三五・一(巻装)	那智一紙 朱印五	那(一四)智(一二・宝二)瀧(一三・宝七)宝(一一・宝六)印(八・宝二)宝珠(一二)	日本大一(陽)	線二・吉	大関家文書 新井論文
9	天正一七・六・一七	佐竹義宣	白川殿	三三・六×二九・八	那智一紙 朱印五	那(一五)智(一三・宝二)瀧(一三・宝七)宝(一一・宝六)印(八・宝二)宝珠(一二)	大一(陽)	線一・吉(線)	早大白川文書『白河』九九九号
10	天正一七・七・二四	佐竹義宣	箭田野安房守殿	三三・〇×三三・六	那智一紙 朱印五	那(一四)智(一二・宝二)瀧(一三・宝七)宝(一一・宝六)印(八)宝珠(一二)	日本第一	線二	二階堂成一氏所蔵文書『長沼』八二号

(2)佐竹一族(東家・北家)

No.	年月日	発給者	宛所	法量	牛玉宝印	烏点宝珠の数	印文字	宝珠	出典
11	天正六・八・一九	佐竹義久	白川殿御宿所	〔一紙目〕三三・四×三四・七〔二紙目〕三三・四×三四・八	那智二紙 牛玉同 朱印各五	那(一四)智(一三・宝二)瀧(一三・宝七)宝(一一・宝六)印(八)宝珠(一三)	日本大一(陽)	線二・吉	早大白川文書『白河』九三六号
12	天正九・四・二二	佐竹義久	奥山隠岐守殿	二〇・八×二七・三(巻装)	那智一紙 朱印五カ	那(一四)智(一二・宝二)瀧(一一・宝七)宝(一一・宝六)印(八)宝珠(一三)	日本大一(陽)	線二	蓬田家文書『石川』三七五号

13	天正一四・三・二三	佐竹義斯	道無参	三三・六×三五・四	那智一紙 朱印五	那(一四)智(一三・宝一)瀧(一三・宝七)宝(一一・宝六)印(八)宝珠(一二)	日本大一(陽)	線二・吉	真壁文書『真壁』八九号
14	天正一四・九・七	佐竹義久	白川殿御宿所	三三・四×三三・八	那智一紙 朱印五	那(一四)智(一三・宝一)瀧(一三・宝七)宝(一一・宝六)印(八)宝珠(一二)	日本大一(陽)	線二・吉	早大白川文書『白河』九五四号
15	天正一五・二・一五	佐竹義久	白川殿御宿所	三三・四×三四・一	那智一紙 朱印五	那(一四)智(一二・宝一)瀧(一三・宝七)宝(一一・宝六)印(八)宝珠(一二)	日本大一(陽)	吉・線一	早大白川文書『白河』九八一号

凡例

1 佐竹氏の場合、血判または血判と思われる痕跡を全て確認。
2 №5の年月日・宛所は、東京大学史料編纂所所蔵「佐竹義重等誓紙写」で補った。
3 「烏点宝珠の数」で、例えば智(一三・宝一)の場合、「智」の字が烏一三羽と宝珠一個で表されていることを示す。宝珠(一二)とは、「印」の下の宝珠が一二羽の烏に囲まれていることを示す。
4 「印文字」「宝珠」で、(陽)は陽刻を示す(無記入は陰刻)。
5 「宝珠」で、例えば線一・吉(線)の場合、群鴉で囲まれた宝珠の中に半円形の線一本と「吉」の字が表され、その周囲が楕円形の線で囲まれていることを示す。
6 出典について、『茨城』Ⅵは『茨城県史料』中世編Ⅵ、『石川』は『石川町史』第三巻資料編一考古・古代・中世、『白河』は『白河市史』第五巻資料編二古代・中世、新井論文は新井敦史「黒羽町所蔵中世文書の基礎的考察」(『那須文化研究』一一、一九九七年)、『長沼』は『長沼町史』第二巻資料編Ⅰ、『真壁』は『真壁町史料』中世編Ⅰの略。

図1(表1№5)は、南奥侵攻を進める佐竹氏とそれに対抗する白川氏との和睦の際に出された、白川義親宛佐竹義重起請文である(以下図19まで牛玉宝印が刷られた版面、すなわち文字が記された面の裏側を示す)。この起請文と、約一年後に出された図2(表1№6)の白川義親宛佐竹義重起請文の版面を比較すると、烏点宝珠の数・形・向きだけでな

く、「宝珠」も明らかに異なっているため(図1は「吉」文字が見えるが、図2には半円形の線が見える)、図1と図2の「那智瀧宝印」は、異なる種類の版木から刷られたことがわかる。同一の発給者・受給者で、比較的近い時期に出されたと思われる起請文の事例としては、那須資胤宛佐竹義昭(義重父)起請文(表1No.1・No.2)があるが、同様の視点で比較分析すると、明らかに版木の図様に違いが見られる。このように、佐竹氏当主の場合、義宣(義重嫡子)発給のものを含めて起請文料紙に使用された「那智瀧宝印」は、全て異なる種類の版木から刷られていたことが確認できる(表1No.1〜No.10)。

続いて、佐竹一族の起請文でほぼ同一時期に出された、図3(表1No.13)の道無(真壁久幹)宛佐竹(北家)義斯起請文と、図4(表1No.14)の白川義親宛佐竹(東家)義久起請文を比較したい。図3は、道無の大田和滞在の労を謝する意で出されたもの[9]、図4は、天正十四年(一五八六)の南奥「惣無事」との関連で出されたものと言われている[10]。これらは検討の結果、烏点宝珠の数が同じであり、「印文字」(「日本大一」)、「宝珠」(半円形の線二本の下に「吉」文字)も同様である。また、版面の法量(おおよそ縦二二センチ×横二八センチ)、「印」の垂直な線の長さ(約七センチ)、「宝珠」の楕円形部分の法量(縦約五センチ半ば×横約四センチ)も、計測するとほぼ同様であることがわかる。しかし、このように全体として版木の形状が酷似しているものの、図様細部を詳細に観察すると、烏点宝珠の烏形の一部に若干の違いが認められる。そのため、これらの料紙に使用された「那智瀧宝印」は、同一の版木から刷られたものではないと推定される。

次に、図4(表1No.14)と、図4の約半年後に同じ名宛人の白川義親へ出された図5(表1No.15)の佐竹義久起請文を比較したい。これらは、烏点宝珠の数・形・向き、「印文字」(図5は「日本大一」)、「宝珠」(図5は「吉」文字の下に半円形の線が見える)が明らかに異なっているため、別々の版木から刷られたものと言える。この場合、その他の佐竹義久起請文(表1No.11・No.12)[11]や佐竹氏当主起請文とも異なる種類の「那智瀧宝印」が料紙に使用されている。

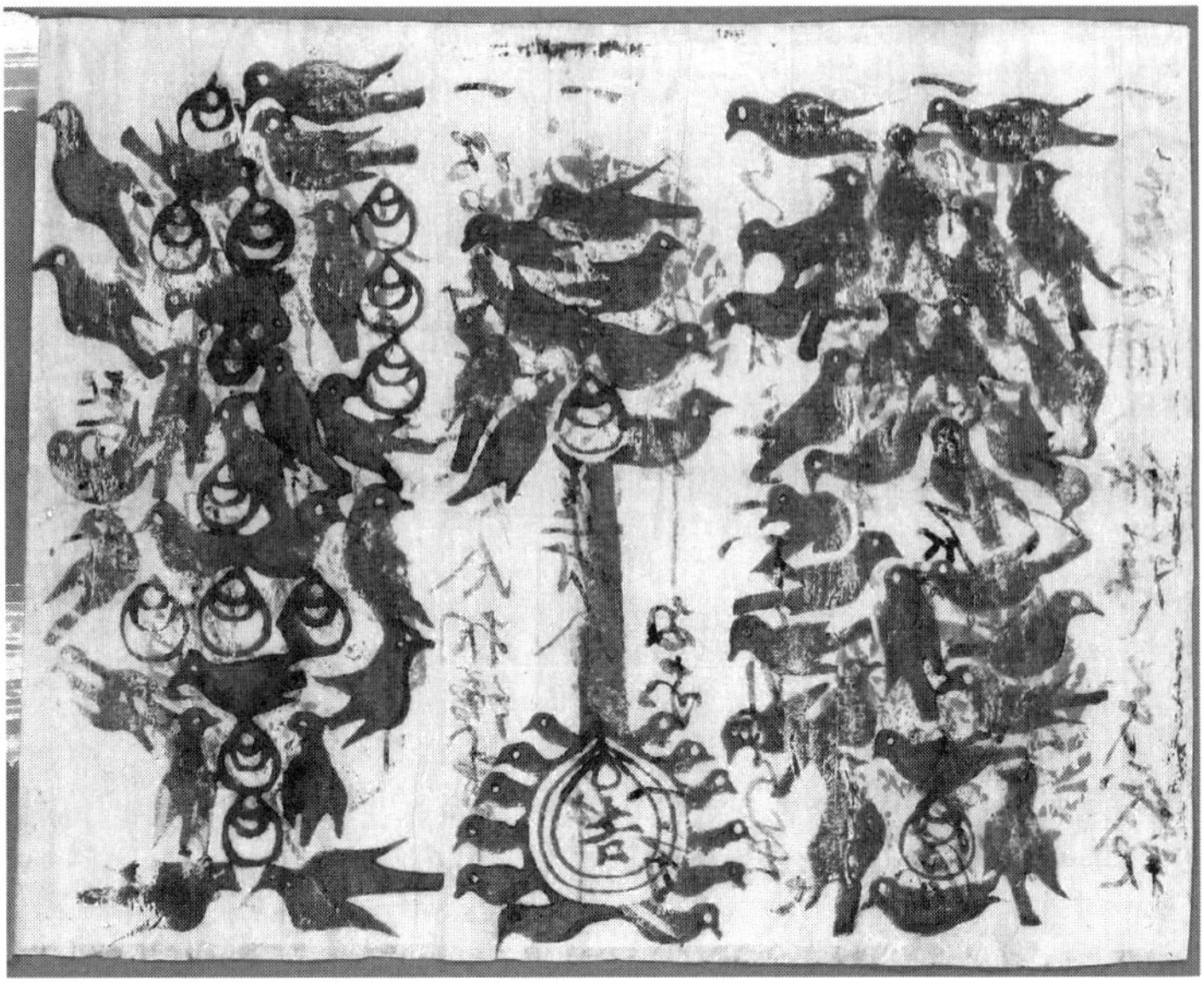

図1(表1No.5)　(天正6年8月17日)　白川義親宛佐竹義重起請文
(早稲田大学図書館所蔵「結城白川文書」)

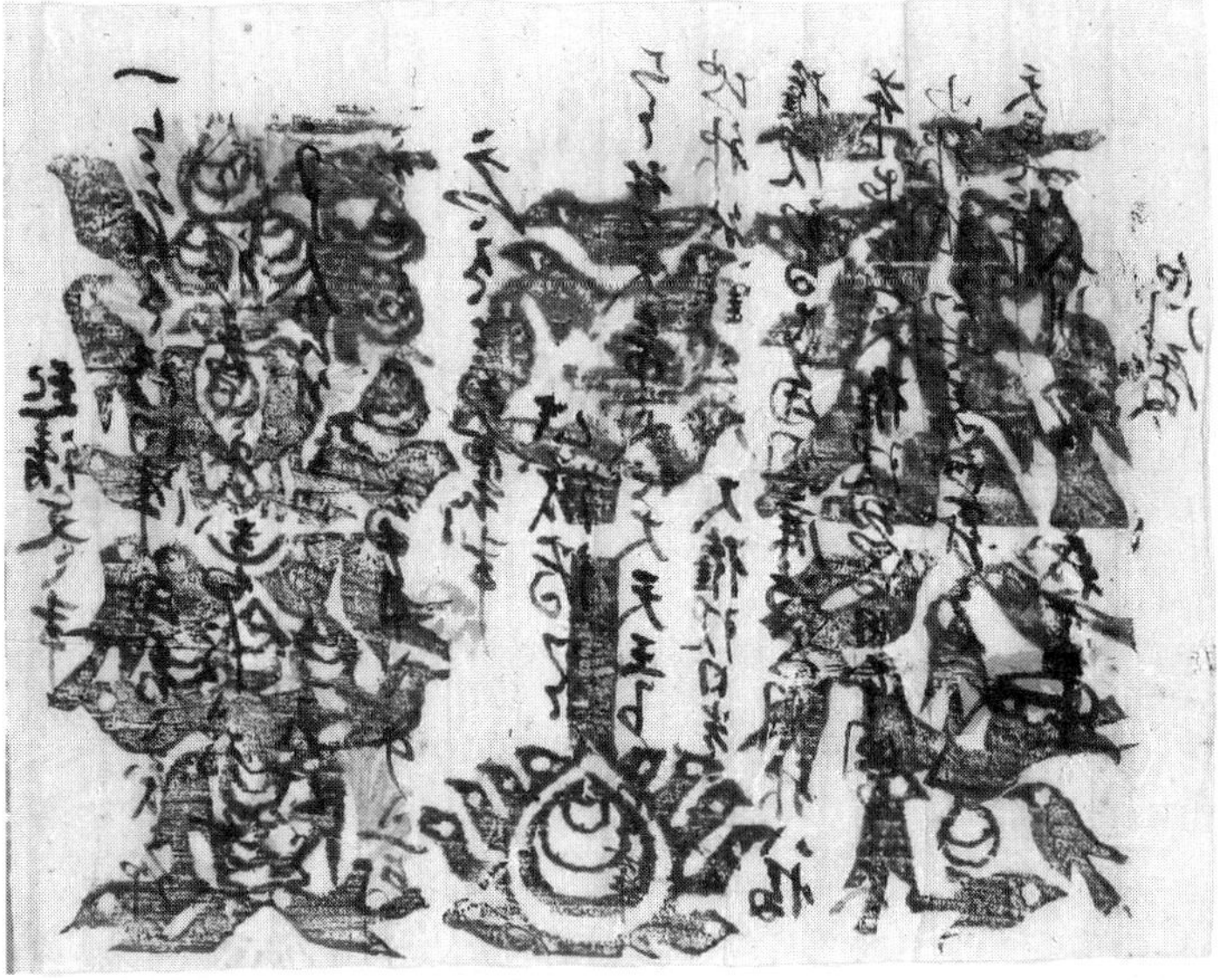

図2(表1No.6)　天正7年8月5日　白川義親宛佐竹義重起請文
(早稲田大学図書館所蔵「結城白川文書」)

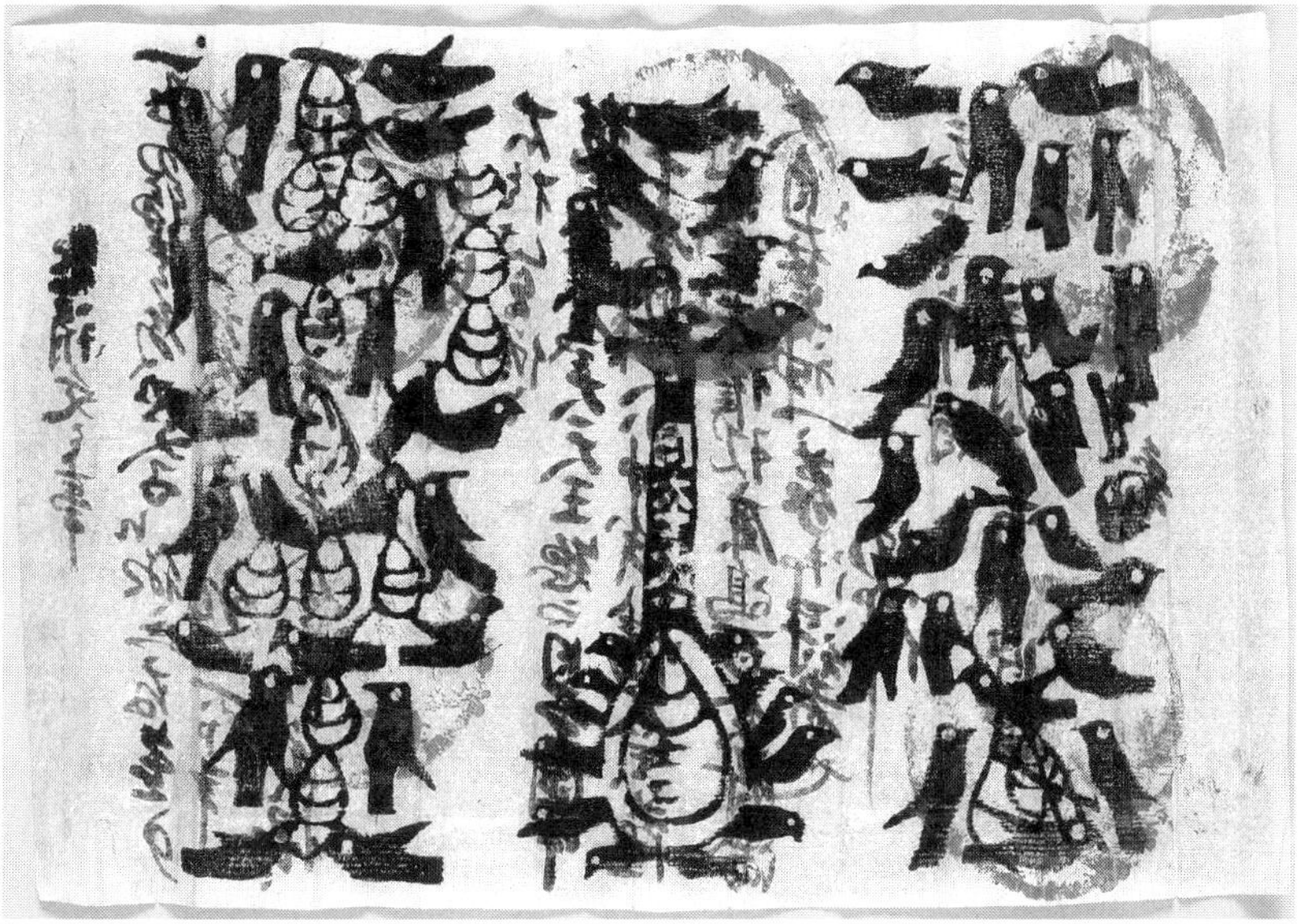

図3（表1№13）　天正14年3月12日　真壁久幹宛佐竹義斯起請文
（石川武美記念図書館成簣堂文庫所蔵「真壁文書」）

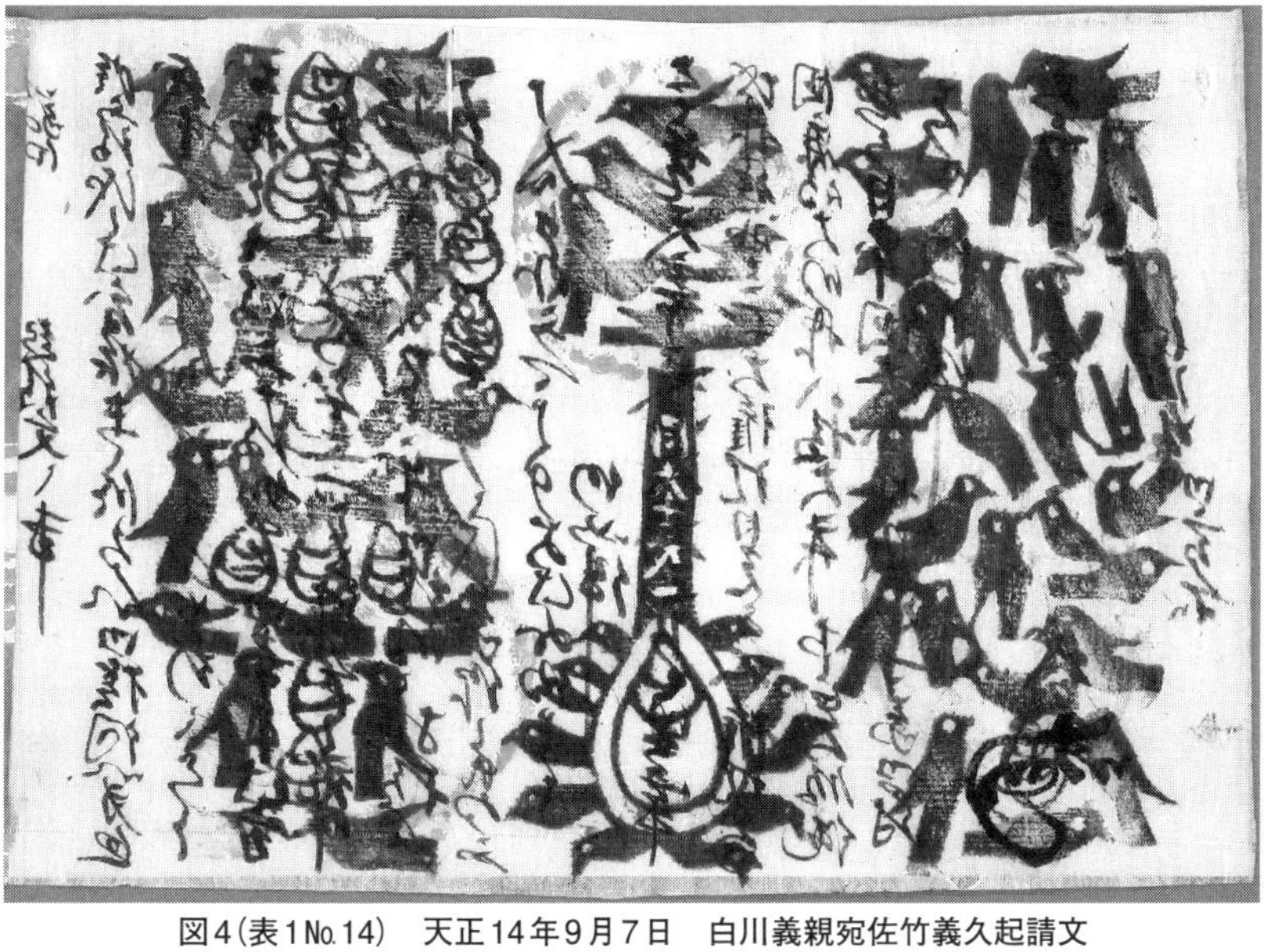

図4（表1№14）　天正14年9月7日　白川義親宛佐竹義久起請文
（早稲田大学図書館所蔵「結城白川文書」）

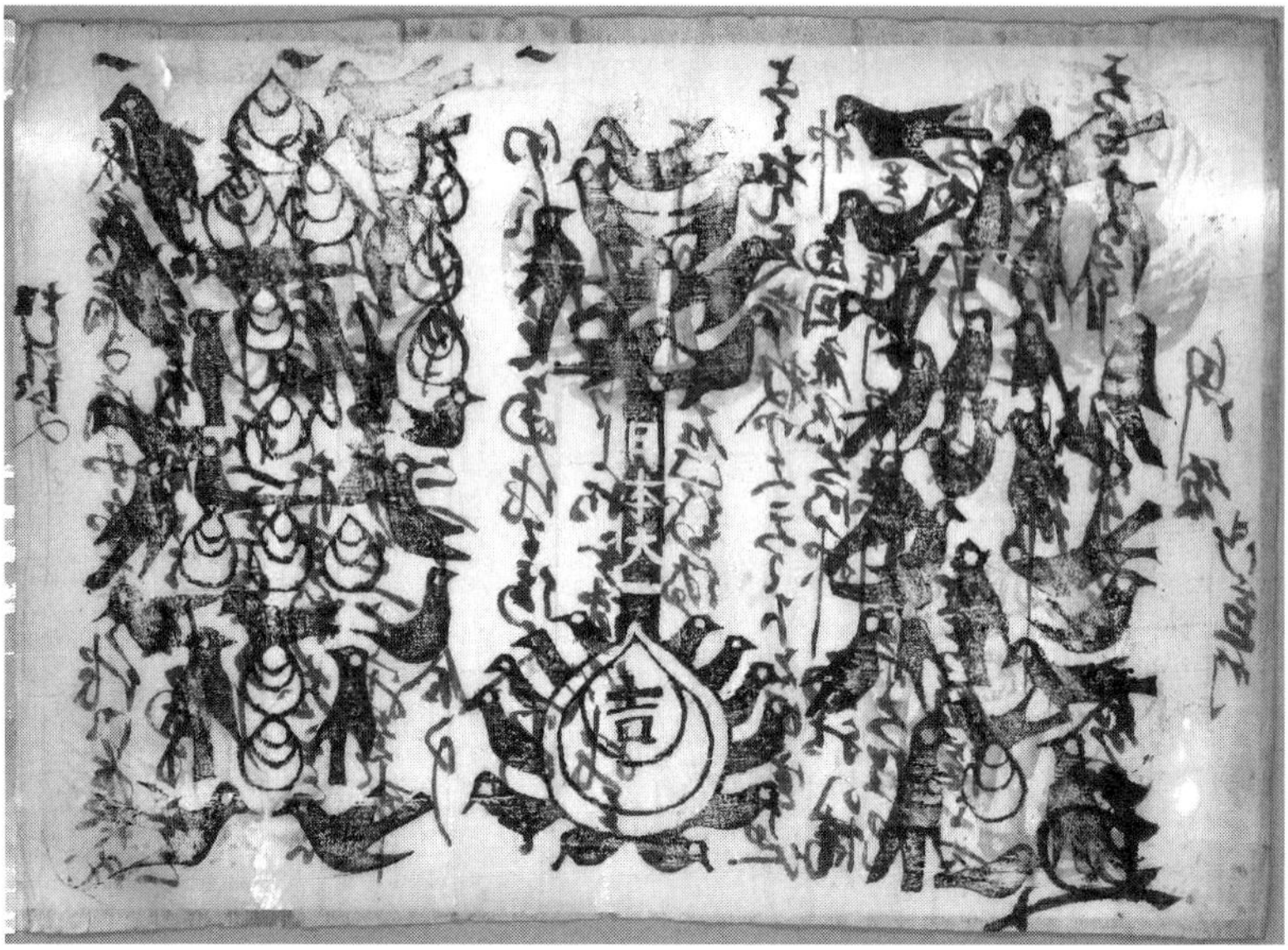

図5（表1No.15）　天正15年2月15日　白川義親宛佐竹義久起請文
（早稲田大学図書館所蔵「結城白川文書」）

　以上、限られた文書からの推測ではあるが、佐竹義久起請文の「那智瀧宝印」についても、傾向として佐竹氏当主同様に、版木の形式が一定していないことが指摘できる。佐竹氏の場合、当主・一族（東家）とも、発給時期・受給者にかかわらず、様々な版木で刷られた「那智瀧宝印」を料紙に使用していたと言える。なお朱印については、ほとんどが料紙の上段に横に並べて三つ、下段に左右各一つの形五つ「那智瀧宝印」の字の上付近にそれぞれ捺印されている（表1「牛玉宝印」）。印の中身については、阿弥陀如来の種子を表す梵字のキリークと思われるものを一部確認できるが（表1No.1・No.9・No.10・No.11・No.13〈図3〉・No.15〈図5〉）、多くがにじんだり摩滅して不鮮明で、判別し難い。

　料紙の紙質については、管見の限り、ほとんどが薄様の楮紙と思われる。また、料紙の法量については、伝来の過程や巻子に装丁される際に切断された可能性が高いものもあり、慎重を期さなければならないが、佐竹氏当主・佐竹一族とも、おおよそ縦二〇センチ前半、横三〇《チセン》前半の長さで、ある程度一定の大きさの料紙を使用していたことがうかがえる（表1「法量」）。

二　南奥領主の起請文

南奥領主の起請文も、原本として残されたものについては、全て牛玉宝印として「那智瀧宝印」を使用し、多くが牛玉紙一紙の裏に前書と神文・罰文が記されている[12]（表2「牛玉宝印」）。牛玉宝印使用の初見は、天文十二年（一五四三）七月の田村義顕・同隆顕等連署起請文（図8〈表2№8〉）と田村隆顕起請文（図9〈表2№9〉）である。なお、血判については、永禄九年（一五六六）一月の蘆名盛氏起請文（図10〈表2№10〉）と蘆名氏宿老連署起請文（図11−1・2〈表2№11−1・2〉）が初見で、それ以降本章が対象とした天正末までの起請文には、原本等で確認する限り、全て花押やその周辺付近に血判が据えられている[13]。

起請文料紙に使用された「那智瀧宝印」の版木・朱印の形状について、第一節と同様の手法で分析する[14]（表2「烏点宝珠の数」「印文字」「宝珠」）。図6（表2№1）は、大内定綱が蘆名方から伊達方へ服属する過程で発給された伊達政宗起請文である。この起請文と、この約一年後に発給された片平親綱（大内定綱弟）宛伊達政宗起請文（表2№2）[15]の「那智瀧宝印」の版面を比較すると、烏点宝珠の数が同じで、烏の形や向きもほぼ同様であることがわかる。「印文字」は黒印がにじんで一部見えづらいが、同様の「三」と「吉」のような漢字が見られ、また「宝珠」の中には文字は無く、半円形の線が二本確認できる。さらに重要なのは、どちらの「那智瀧宝印」にも、「宝珠」の周辺や中の半円形の線に共通の版木の欠損部分（黒印がない部分）が見られることである。表2№2の原本を未調査なため断定は避けるが、これらの牛玉紙は、同一の「那智瀧宝印」の版木から刷られた可能性がある。なお朱印については、印のにじみが激しいが、外形はどちらも楕円形で中に光背形やキリークと思われるものが見える。

さらに、表2No.2から約四ヶ月後、白川氏が佐竹方から伊達方へ転じる際に発給された[16]図7（表2No.3）の白川義親宛伊達政宗起請文を検討する（この起請文は、文字面を表として裏打ちされているため、パソコンで左右を反転させ、牛玉宝印が刷られた面を示した）。図6（表2No.1）と比較すると、烏点宝珠の数・形・向きだけでなく、「印文字」（図7は「日本大一」ヵ）、「宝珠」（図7は半円形の線二本の下に「吉」文字）も明らかに異なっているため、図6と図7はそれぞれ異なる種類の版木から刷られたものであることがわかる。このような視点で伊達政宗起請文を分析すると、比較的近い時期に発給された表2No.3以降の「那智瀧宝印」は、全てそれぞれ異なる種類の版木で刷られていたことが指摘できる。[17]

続いて、伊達氏以外の南奥領主起請文に関する知見を述べていきたい。図8（表2No.8）は樺倉相模守宛田村義顕・同隆顕等連署起請文、図9（表2No.9）は福原大蔵太輔[19]宛田村隆顕起請文である。これらは伊達氏天文の乱初期に出されたもので、伊達種宗方であった田村氏が、伊達晴宗に味方した樺倉氏を領地替によって赦免することを誓約したものである。これらの「那智瀧宝印」は、烏点宝珠の数・形・向き、「宝珠」（図8は半円形の線三本、図9は半円形の線二本）が明らかに異なっている。つまり、同一時期に発給され、同一発給者が含まれているにもかかわらず、版木の種類が異なっていることがわかる。なお、朱印の形についても、原本で確認した結果、明らかに異なっている。

ほぼ同時期に組み合わされて発給された事例として、図10（表2No.10）〜図12（表2No.12）を分析する。これらは、蘆名盛氏・同盛興父子がそれぞれ伊達輝宗へ、蘆名氏宿老層が伊達氏宿老層へ宛てた起請文である（図11-1・2〈表2No.11-1・2〉は文字面を表として裏打ちされているため、パソコンで左右を反転させ、牛玉宝印が刷られている面を示した）。これらはいずれも、輝宗息女と盛興の婚姻による両家の講和、伊達晴宗（輝宗父）に与して輝宗と疎遠にならない旨を誓約する内容である。[20]これらの図様を比較検討すると、烏点宝珠の数・形・向き、「印文字」、「宝珠」が異なっているため、使用された牛玉紙はそれぞれ異なる種類の版木で刷られたものであることがわかる（図11–1・図11–2のそれぞれの「那智瀧宝印」についても、図様が明らかに異なっているため、別々の版木から刷られたものである）。なお、朱印については、図10と図11–1・図11–2・図12では、朱印の形・大きさが明らかに異なっており、さらに図11–1・図11–2と図12では、朱印が不鮮明で原本を見ても異同が判別し難い。このように、伊達氏以外の南奥領主の起請文料紙に使用された「那智瀧宝印」の版木は、管見事例が少ないものの、一例も同一のものを確認できない。

以上をまとめると、牛玉宝印の版木については、伊達氏のもので一組のみ[21]同一の可能性があるものの、その他は、近い発給時期や同一の発給者にもかかわらず、様々な版木で刷られた「那智瀧宝印」を起請文料紙として使用していたことが指摘できる。また、朱印については、多くが「那智瀧宝印」の字の上付近にそれぞれ計五つ捺印される形式で（表2「牛玉宝印」）、管見で確認できた朱印は、周囲が光背形、中身は梵字のキリークに見える（表2No.1〈図6〉・No.2・No.5・No.7・No.8〈図8〉〜No.10〈図10〉・No.15）。

表2　南奥領主起請文

（1）伊達政宗起請文

No.	年月日	発給者	宛所	法量	牛玉宝印	烏点宝珠の数	印文字	宝珠	出典
1	天正一六・四・一三	伊達政宗	大内備前守殿	三三・〇×三〇・〇	那智一紙 朱印五	那(一四)智(三・宝二)瀧(三・宝七)宝(一一・宝六)印(八)宝珠(一三)	(文字有)	線二	大内家文書『仙台』二三九号
2	天正一七・三・四	伊達政宗	片平大和守殿	三二・四×二九・六	那智一紙 朱印五	那(一四)智(三・宝二)瀧(三・宝七)宝(一一・宝六)印(八)宝珠(一三)	(文字有)	線二	『熊野信仰と東北』
3	天正一七・七・二六	伊達政宗	白河殿	三三・〇×二八・八(裏打ち有)	那智一紙 朱印五	那(一四)智(三・宝二)瀧(三・宝七)宝(一一・宝六)印(八)宝珠(一三)	日本大一ヵ	線二・吉	熱海白川文書『仙台』四七三号

No.	年月日	発給者	宛所	法量	牛玉宝印	烏点宝珠の数	印文字	宝珠	出典
4	天正一七・一〇・二八	伊達政宗	閑翁斎・蓬田下野守殿	二五・五×三二・三（巻装）	那智一紙 朱印五	那（不詳）智（不詳・宝二）瀧（不詳・宝七カ）宝（不詳）印（八カ）宝珠（一三）	（文字無カ）	線二カ・吉	蓬田家文書『石川』四五七号
5	天正一七・一〇・晦日	伊達政宗	小野崎彦三郎殿	二七・七×三三・五	那智一紙 朱印五	那（一四カ）智（一三カ・宝二）瀧（不詳・宝七）宝（一一カ・宝六）印（八）宝珠（一三）	（文字無カ）	線二・吉	小野崎文書 泉田論文
6	天正一七・一一・四	伊達政宗	石河殿	三一・五×三一・〇	那智一紙 朱数不詳	那（一六カ）智（一三カ・宝二）瀧（一三カ・宝不詳）宝（不詳・宝六）印（九カ・宝二）宝珠（一三）	（文字有）	線三	石川家文書『石川』四六一号
7	天正一七・一二・二七	伊達政宗	浅川二郎左衛門殿	三三・〇×三〇・〇	那智一紙 朱印五	那（一四）智（一三・宝二）瀧（一一カ・宝七）宝（一一・宝六）印（八）宝珠（一三）	大一（他文字有）	線二	浅川家文書『石川』四六六号

（2）その他の南奥領主起請文

No.	年月日	発給者	宛所	法量	牛玉宝印	烏点宝珠の数	印文字	宝珠	出典
8	天文二二・七・二七	田村義顕他二名（血判無）	樺蔵相模守殿	二四・二×三〇・九	那智一紙 朱印五	那（一五）智（一三・宝二）瀧（一三・宝七）宝（一一・宝六）印（八・宝 ）宝珠（一三）	（文字無）	線三	青山文書『福島』
9	天文二二・七・二七	田村隆顕（血判無）	福原大蔵太輔殿	二六・五×三三・七	那智一紙 朱印五	那（一四）智（一三）瀧（一二カ・宝七）宝（一一・宝六）印（八）宝珠（一〇）	（文字有カ）	線二	青山文書『福島』
10	永禄九・一・一〇	蘆名盛氏	伊達殿	二六・九×三七・一（裏打ち有）	那智一紙 朱印五	那（一四）智（一四・宝二）瀧（一三カ・宝六）宝（一一・宝六）印（八）宝珠（一〇）	（文字無）	線三	伊達家文書『福島』
11−1	永禄九・一・一〇	富田滋実他三名	牧野殿・浜田殿・中野殿御宿所	〔一紙目〕三三・四×三六・三（裏打ち有）	那智二紙 朱印各五	那（一四）智（一三・宝二）瀧（一一・宝七）宝（一一・宝六）印（八・宝二）宝珠（一三）	日大一	吉（線一）	伊達家文書『福島』
11−2				〔二紙目〕三三・九×三二・五（裏打ち有）		那（一五）智（一三・宝二）瀧（一三・宝七）宝（一一・宝六）印（八・宝二）宝珠（一三）	（文字無）	線一・吉（線一）	

12	永禄九・二・一	蘆名盛興	伊達殿	二七・一×三三・五（裏打ち有）	那智一紙 朱印五	那（不詳）智（一二・宝二）瀧（不詳・宝七カ）宝（一一カ・宝六）印（八カ）宝珠（一三）	（文字無カ）	線二カ・吉	伊達家文書『福島』
13	天正八・一二・一七	田村清顕	奥山総七郎殿	三〇・五×三二・二（巻装）	那智一紙 朱印五	那（一四）智（一三・宝二）瀧（一二・宝七）宝（一一・宝六）印（八）宝珠（一三）	（文字無）	線二	蓬田家文書『石川』三七一号
14	天正九・四・一二	岩城常隆	蓬田隠岐守殿	三一・五×二九・一（巻装）	那智一紙 朱数不詳	那（一五カ）智（一三カ・宝二）瀧（一一・宝七）宝（一一・宝六）印（八・宝二）宝珠（一三）	（文字無）	吉	蓬田家文書『石川』三七六号
15	天正一五・三・五	針生盛信他三名	白川御館参人々	三一・六×三五・三	那智一紙 朱印五	那（一四）智（一三・宝二）瀧（一二・宝七）宝（一一・宝六）印（八）宝珠（一三）	日本大一	線二・吉	早大白川文書『白河』九八四号
16	天正一七・一〇・二八	宗□	閑翁斎・奥山下野守殿	二一・三×三三・六（巻装）	那智一紙 朱印五	那（一四）智（一三・宝二）瀧（一二・宝七）宝（一一・宝六）印（八）宝珠（一三）	日本大一	線二・吉	蓬田家文書『石川』四五九号
17	天正一七・一一・一七	石川昭光	蓬田下野守殿	二一・四×二八・九（巻装）	那智一紙 朱印五	那（不詳）智（一三・宝二）瀧（不詳・宝七カ）宝（一一・宝六）印（八カ・宝二）宝珠（一三）	日本大一	線一・吉（線二）	蓬田家文書『石川』四六三号
18	天正一八・一・六	石川昭光	浅川次郎左衛門尉殿	三三・〇×三〇・二	那智一紙 朱印五	那（一五）智（一四・宝二）瀧（一二カ・宝七）宝（一一・宝六）印（七）宝珠（一三）	日本大一カ	吉	浅川家文書『石川』四七四号

凡例

1　No.8・No.9以外は、全て血判または血判と思われる痕跡を確認した。その他の表の見方は、「表1　佐竹氏起請文」と同じ。

2　No.2・3・6は原本未見。No.2は「熊野信仰と東北展」実行委員会編集・出版『熊野信仰と東北』（二〇〇六年）掲載写真、No.3は東北歴史博物館所蔵写真、No.6は石川町史編纂室所蔵写真でそれぞれ確認した。

3　法量について、No.2は『熊野信仰と東北』、No.3は『中世東国武家文書の成立と伝来に関する史料学的研究』（研究代表者村井章介、二〇〇七年）巻末目録、No.6は『石川町史』第三巻資料編一考古・古代・中世でそれぞれ掲載された数値を記載。No.3の朱印数は、『中世東国武家文書の成立と伝来に関する史料学的研究』巻末目録から引用。

4　出典について、『仙台』は『仙台市史』資料編一〇伊達政宗文書I、泉田論文は泉田邦彦「中世東国における熊野牛玉宝印の版木に関する一考察」（『常総中世史研究』二、二〇一四年）、『福島』は『福島県史』第七巻資料編二古代中世資料の略。

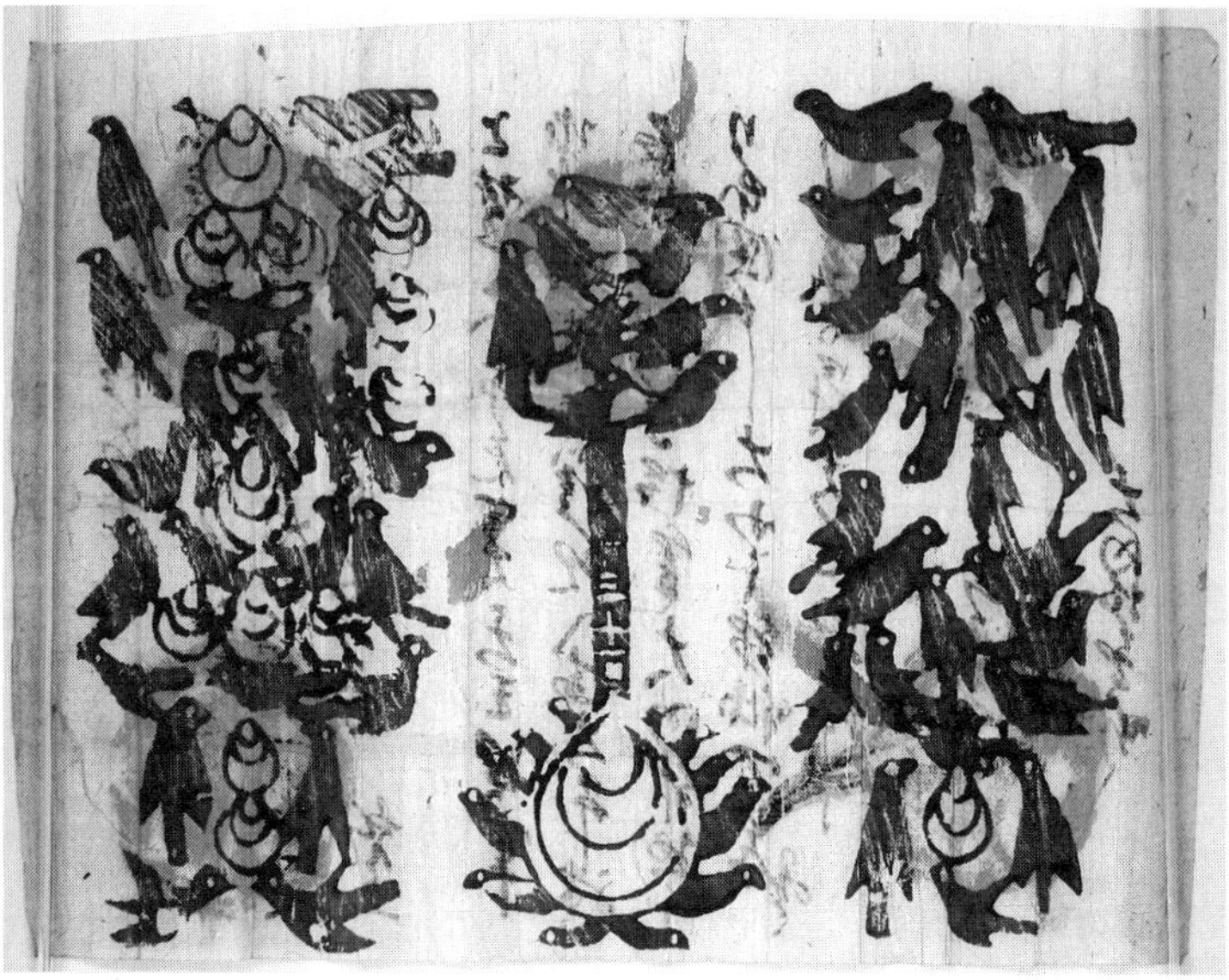

図6(表2No.1)　天正16年4月12日　大内定綱宛伊達政宗起請文
(豊米市教育委員会所蔵「大内家文書」)

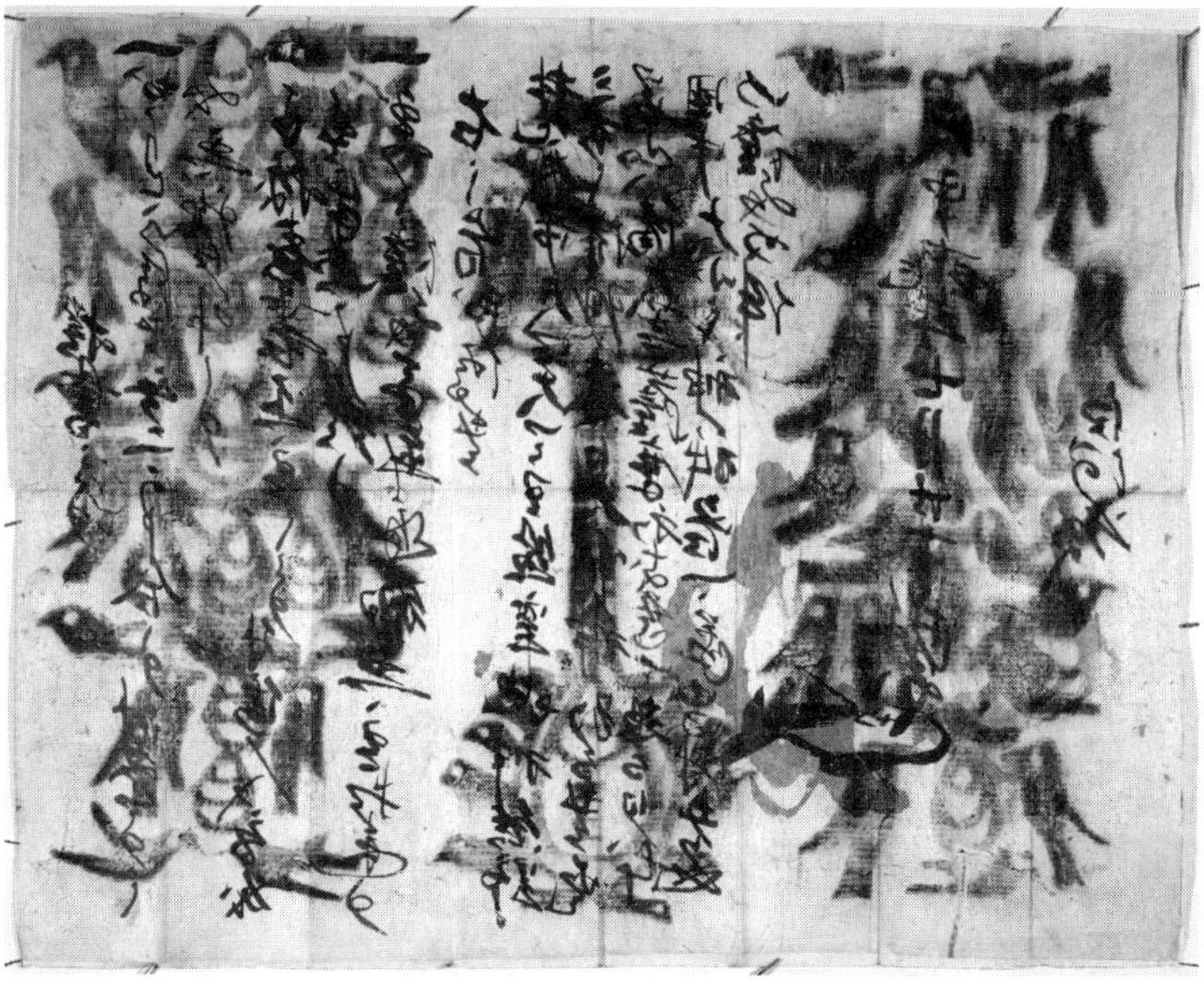

図7(表2No.3)　天正17年7月26日　白川義親宛伊達政宗起請文
(個人蔵「熱海白川文書」)

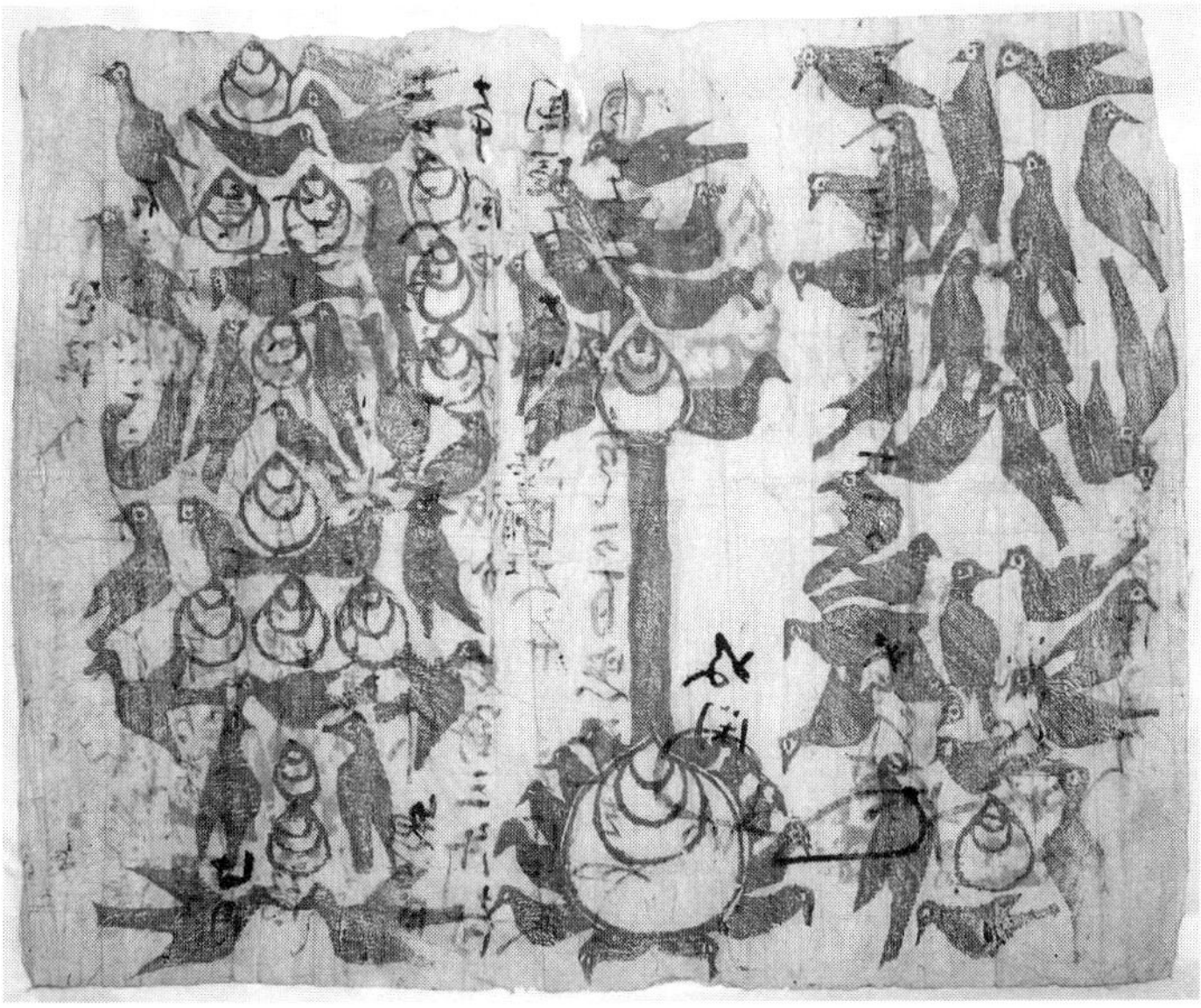

図8（表2№8）　天文12年7月27日　樺蔵相模守宛田村義顕・同隆顕等連署起請文
（三春町歴史民俗資料館寄託「青山文書」）

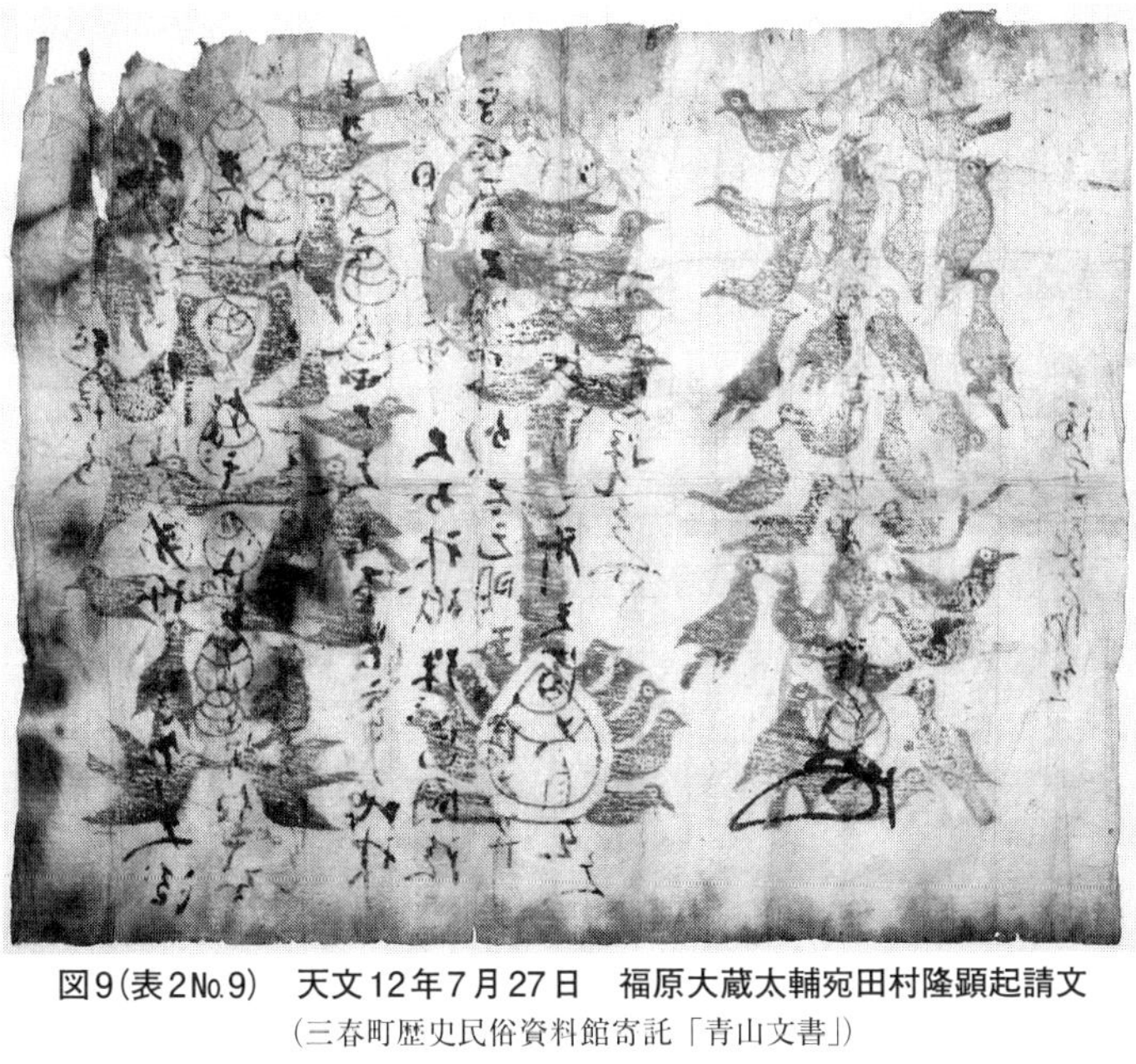

図9（表2№9）　天文12年7月27日　福原大蔵太輔宛田村隆顕起請文
（三春町歴史民俗資料館寄託「青山文書」）

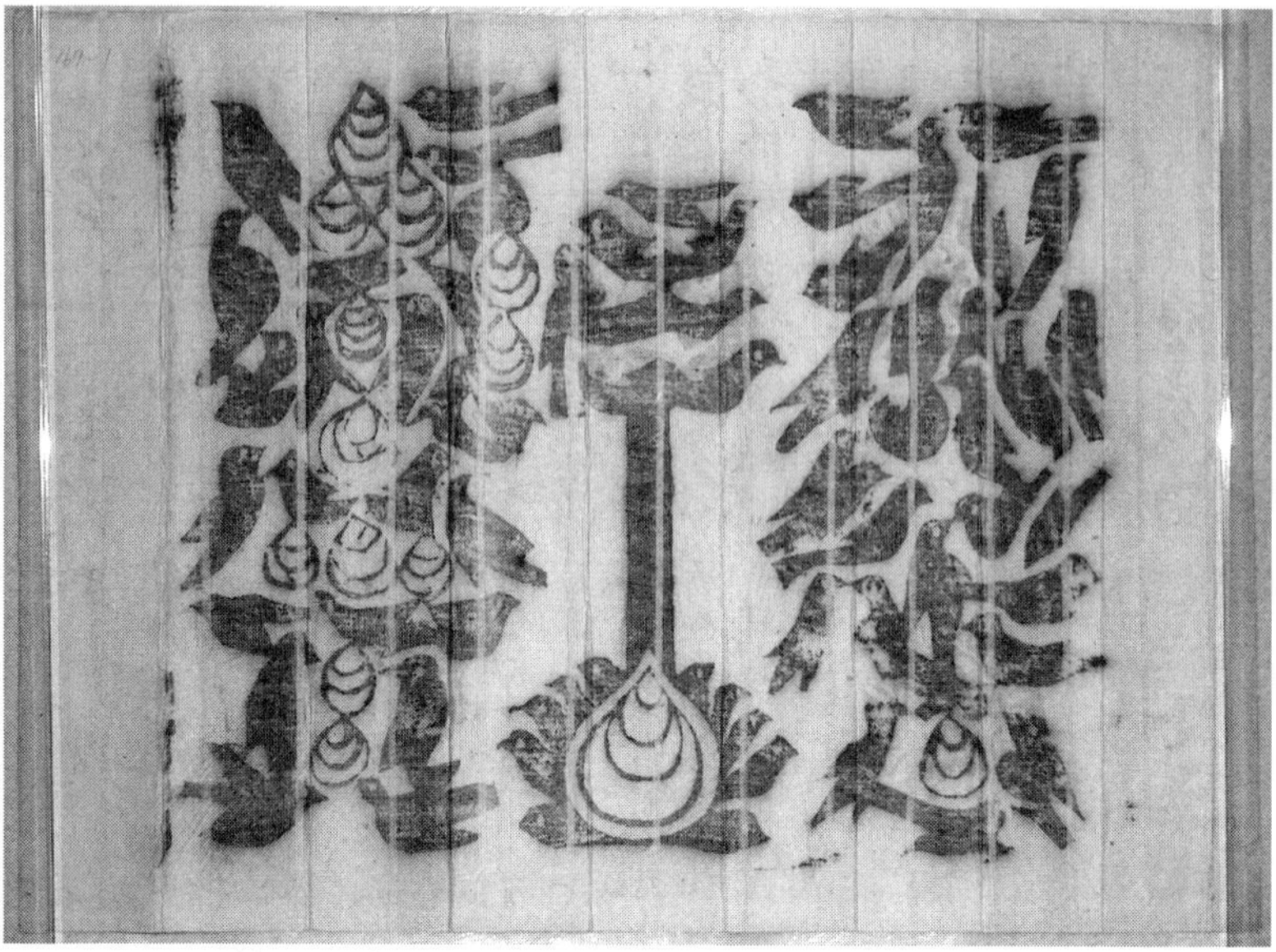

図10（表2№10）　永禄9年1月10日　伊達輝宗宛蘆名盛氏起請文
（仙台市博物館所蔵「伊達家文書」）

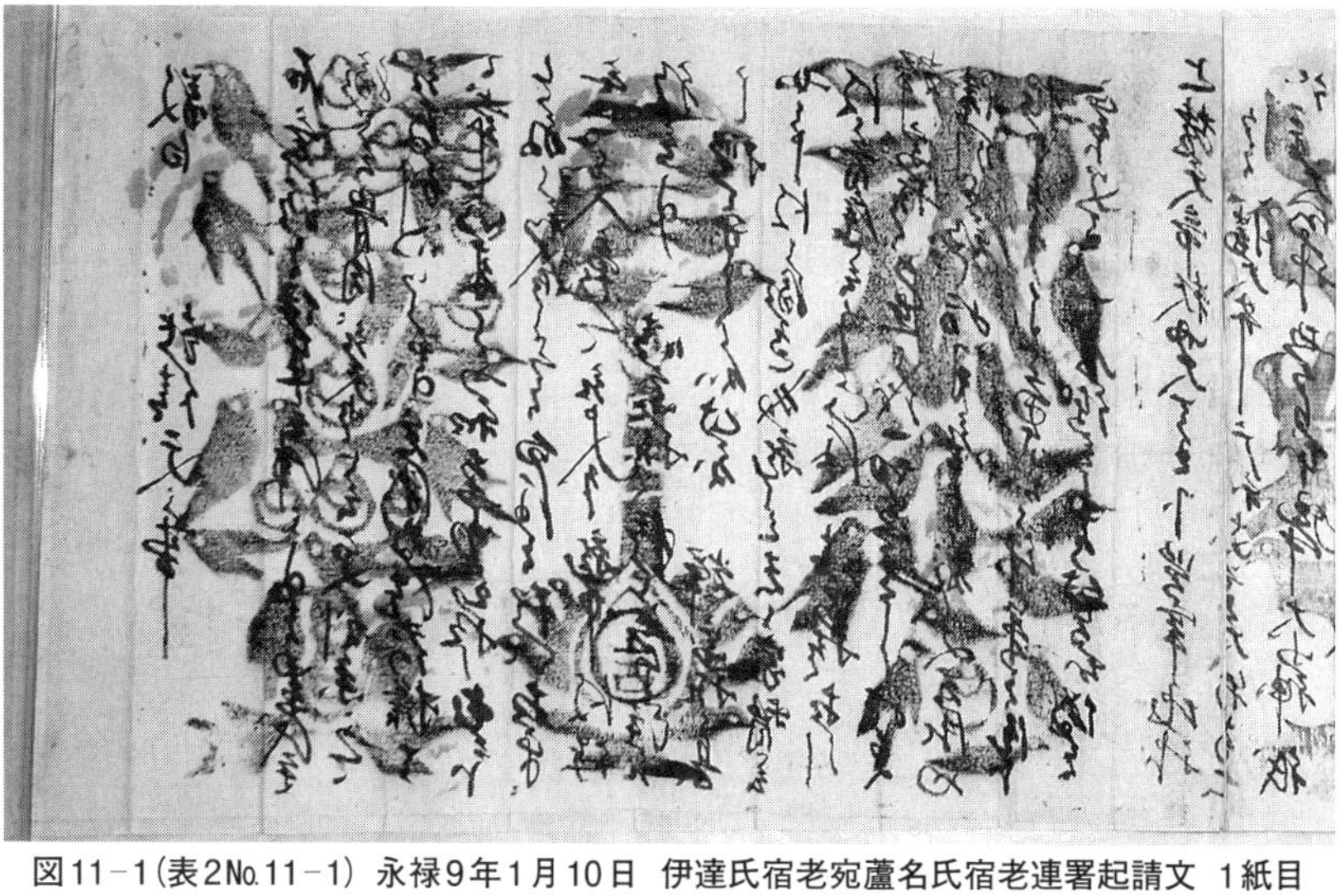

図11－1（表2№11－1）永禄9年1月10日　伊達氏宿老宛蘆名氏宿老連署起請文　1紙目
（仙台市博物館所蔵「伊達家文書」）

図11-2(表2No.11-2)　永禄9年1月10日　伊達氏宿老宛蘆名氏宿老連署起請文　2紙目
(仙台市博物館所蔵「伊達家文書」)

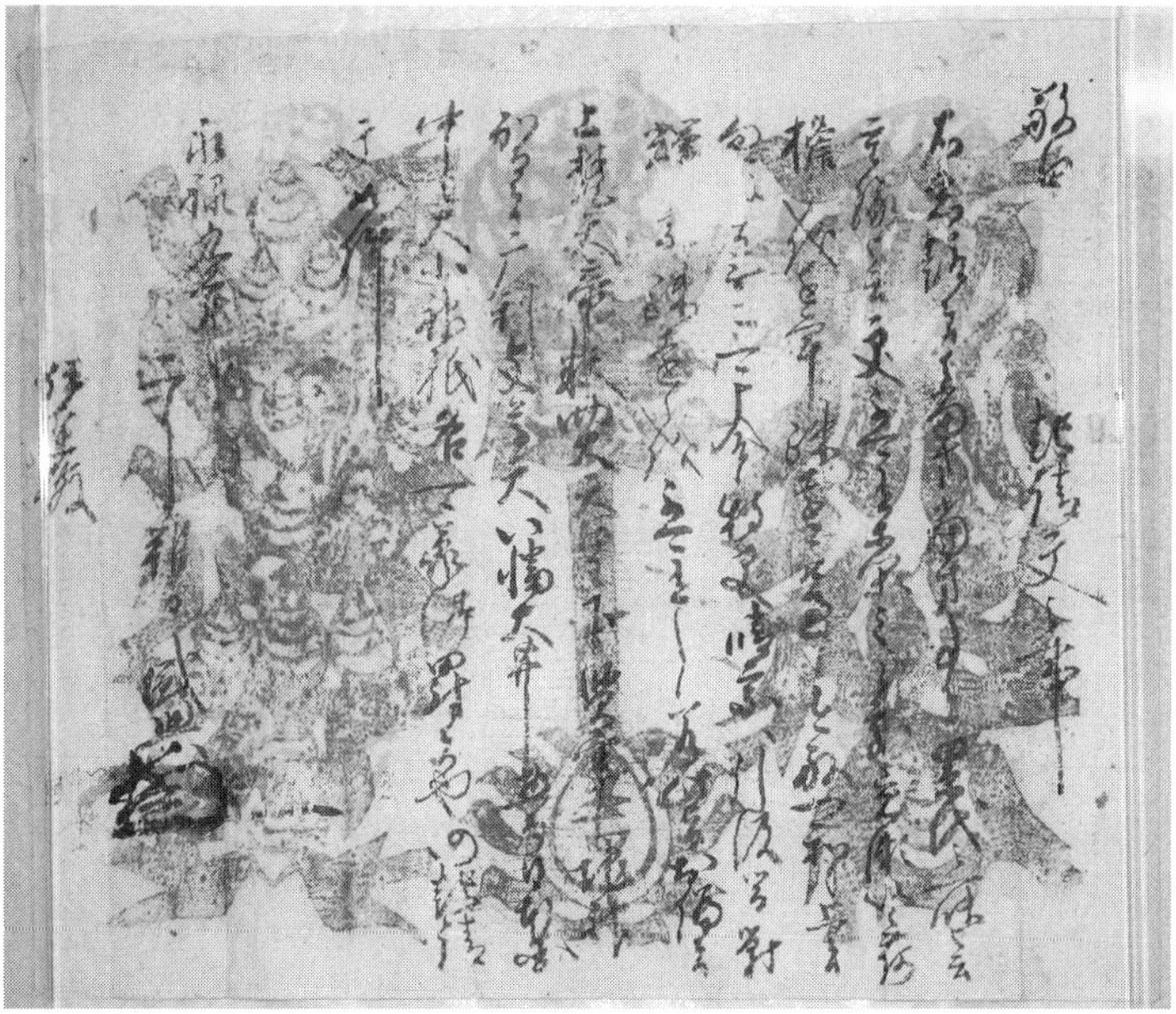

図12(表2No.12)　永禄9年2月1日　伊達輝宗宛蘆名盛興起請文
(仙台市博物館所蔵「伊達家文書」)

料紙の紙質については、表2№2・№3・№6は原本未見であるが、管見の限り確認できたものについては、ほとんどが楮紙と思われる。さらに、料紙の法量についても、おおよそ縦二〇㌢前半、横三〇㌢前半の長さで、ある程度一定の大きさの料紙を起請文として使用している。つまり南奥領主の起請文も、全体としては、版木・朱印・料紙の形態について、佐竹氏同様の傾向を示していると言える。

三　後北条氏の起請文

後北条氏の場合、初期は大山寺や八幡宮寺の牛玉宝印を使用していたが、天文二十年以降（図13〈表3№3〉以降）は全て「那智瀧宝印」を使用していること、起請文には血判を据える場合と据えない場合があること、が先学によって明らかにされている[22]。なお、原本として残された起請文は、全て前書と神文・罰文を牛玉紙一紙の裏に記す形式である（表3「牛玉宝印」）。ここでは、後北条氏の起請文料紙に使用された「那智瀧宝印」の版木・朱印の特徴について、佐竹氏・南奥領主同様の分析を行うこととする（表3「烏点宝珠の数」「印文字」「宝珠」）。

はじめに、天文後半から永禄初年にかけて、北条氏康が簗田晴助へ宛てた図13（表3№3）～図15（表3№5）の「那智瀧宝印」を比較検討する（これらは、文字面を表として裏打ちされているため、パソコンで左右を反転させ、牛玉宝印が刷られている面を示した）。図13・図14（表3№4）は、簗田氏当主の高助から晴助への代替わり後に出されたものである[23]。これらの起請文は、同一年月日・同一名宛人が記されており、しかも文言や筆跡もほぼ同様であること、図13には血判が据えられているが図14には無いこと、等を踏まえると、図14は後北条氏と簗田氏の交渉途中の起請文（牛玉宝印を料紙に使用しているため、正文に近い案文）、図13は最終的に取り交わした起請文（図14の正文）と思われる。版面について

図13は、「印文字」に「吉」の文字が見え、「宝珠」の中には半円形の線が二本見えるのに対して、図14は「印文字」が無く、「宝珠」の中には写真では非常に確認しづらいが、実見したところ半円形の線が三本見える。さらに、それぞれの烏点宝珠の数は同じだが、微妙に烏の形が異なるものもあるため、これらは別々の版木から刷られた「那智瀧宝印」であることがわかる。

続いて、古河公方足利義氏の関宿城（簗田氏居城）移座により、後北条氏による関宿領有化が実現する際に出された図15（表3№5）と、前述の図14（表3№4）を比較したい。これらの版面を検討した結果、どちらも「印文字」は無く、烏点宝珠の数・「宝珠」（半円形の線三本）が同様であり、版面の法量（おおよそ縦一三センチ×横三〇センチ）、「印」の垂直な線の長さ（約七センチ半ば）、「宝珠」の楕円形部分の法量（縦約五センチ×横約四センチ）も、それぞれ計測するとほぼ同様であることがわかる。ただし、烏形の一部については、料紙が剝がれている等判別し難い箇所があるため、版木が同一であるかどうか断定し難い。なお、これらの朱印については、佐竹氏・南奥領主同様「那智瀧宝印」の字の上付近に計五ヶ所捺印されている（後北条氏起請文の全てが該当、表3「牛玉宝印」）ことは確認できるものの、形・中身・大きさ等は非常に不鮮明で、明確に特徴を抽出することができない。

しかしここで、永禄六～十年にかけて出された、口絵カラー図版図16（表3№6）の白川晴綱宛北条氏康起請文、図17（表3№7）の由良成繁・同国繁宛北条氏康・同氏政連署起請文、図18（表3№8）・図19（表3№9）の簗田晴助・同持助父子へそれぞれ宛てた北条氏政起請文を比較して見ていただきたい（図18・図19は、図13～図15と同様の方法で、牛玉宝印の刷られている面を示した）。図16は、後北条・白川氏間の盟約に関連するもの、図17は、由良氏が越後上杉氏から後北条氏へ再帰属する際に出されたもの[24]、図18・図19は、永禄八年三月の第一次関宿合戦後、足利義氏・後北条氏と簗田氏が和睦する際に出されたものである。

これらについては、「印文字」が何か確認できないものの、「宝珠」は同様の形で、中に陽刻（白抜き部分）の半円形の線を二本確認できる。また、烏点宝珠の数・形・向きも同様で、版面の法量（おおよそ縦二〇チセン×横二九チセン）、「印」の垂直な線の長さ（約五チセン後半）、「宝珠」の楕円形部分の法量（縦約四チセン後半×横約四チセン半ば）もそれぞれ計測するとほぼ同様であることがわかる。さらに重要なのは、左下の「宝」という文字の上部や「宝珠」の真上に、共通の版木の欠損部分（黒印が部分的に無い箇所）が見られることである。

表3　後北条氏起請文

（1）後北条氏当主

No.	年月日	発給者	宛所	法量	牛玉宝印	烏点宝珠の数	印文字	宝珠	出典
1	天文八・八・一三	北条氏綱	簗田中務太輔殿	二四・二×三四・〇（巻装）	大山寺一紙 朱印五				簗田家文書『千葉』
2	天文一二・一一・二一	北条氏康	簗田中務太輔殿	三一・五×四七・二（巻装）	八幡宮寺一紙 朱印五				簗田家文書『千葉』
3	天文二〇・一二・一一	北条氏康（血判有）	簗田中務太輔殿	二三・七×三一・一（巻装）	那智一紙 朱印五	那（一四）智（三・宝二）瀧（一一・宝七）宝（一一・宝六）印（八）宝珠（一三）	吉（陽）	線二	簗田家文書『千葉』
4	天文二〇・一二・一一	北条氏康	簗田中務太輔殿	二四・二×三一・三（巻装）	那智一紙 朱印五	那（一四）智（三・宝二）瀧（一一・宝七）宝（一一・宝六）印（八）宝珠（一三）	（文字無）	線三	簗田家文書『関宿』四号
5	永禄元・四・一一	北条氏康	簗田中務太輔殿	二四・一×三一・三（巻装）	那智一紙 朱印五ヵ	那（一四）智（三・宝二）瀧（一一・宝七）宝（一一・宝六）印（八）宝珠（一三）	（文字無）	線三	簗田家文書『千葉』

No.	年月日	発給者	宛所	法量	牛玉宝印	烏点宝珠の数	印文字	宝珠	出典
6	永禄六・二・一一	北条氏康	白川殿	三〇・二×四〇・六	那智一紙朱印五	那(一四)智(一三・宝二)瀧(一一・宝七)宝(一一・宝六)印(八)宝珠(一三)	(文字不詳)(陽)	線二(陽)	早大白川文書『白河』八七二号
7	永禄九・九・五	北条氏康 北条氏政	横瀬信濃守殿・同六郎殿	三〇・五×四〇・八(裏打ち有)	那智一紙朱印五	那(一四)智(一三・宝二)瀧(一一・宝七)宝(一一・宝六)印(八)宝珠(一三)	(文字不詳)(陽)	線二(陽)	由良文書『群馬』二一三二六号
8	永禄一〇・四・一八	北条氏政(血判有)	簗田中務太輔入道殿	二九・八×三八・八(巻装)	那智一紙朱印五	那(一四)智(一三・宝二)瀧(一一・宝七)宝(一一・宝六)印(八)宝珠(一三)	(文字不詳)(陽)	線二(陽)	簗田家文書『千葉』
9	永禄一〇・四・一八	北条氏政(血判有)	簗田八郎殿	二九・九×三九・五(巻装)	那智一紙朱印五	那(一四)智(一三・宝二)瀧(一一・宝七)宝(一一・宝六)印(八)宝珠(一三)	(文字不詳)(陽)	線二(陽)	簗田家文書『千葉』
10	(永禄一三)二・一八	北条氏康 北条氏政	山内殿	二七・五×三六・一	那智一紙朱印五	那(一四カ)智(一三・宝二)瀧(一一・宝七)宝(一一・宝六)印(八)宝珠(一三)	(文字無)	線二	上杉家文書『新潟』一〇二一号

(2)後北条一族(北条氏照)

No.	年月日	発給者	宛所	法量	牛玉宝印	烏点宝珠の数	印文字	宝珠	出典
11	(永禄一〇カ)四・一七	北条氏照(血判有カ)	中務入道殿・八郎殿御宿所	三三・五×三〇・五(巻装)	那智一紙朱印五	那(一四)智(一三・宝二)瀧(一三・宝七)宝(一一・宝六)印(八)宝珠(一三)	大一	線一・吉	簗田家文書『千葉』
12	(永禄一二)五・八	北条氏照(血判有)	右馬助殿	三三・四×二七・一	那智一紙朱印五	那(一四)智(一三・宝二)瀧(一一・宝七)宝(一一・宝六)印(八)宝珠(一三)	日本大一	線二(陽)	野田家文書『古河』六〇号

凡例

1　血判または血判の痕跡を確認できたものは「発給者」に明記した。その他の表の見方は、「表1　佐竹氏起請文」「表2　南奥領主起請文」と同じ。

2　出典について、『千葉』は『千葉県の歴史』資料編中世四、『関宿』は千葉県立関宿城博物館史料集一『簗田家文書』、『群馬』は『群馬県史』資料編七中世三、『新潟』は『新潟県史』資料編三中世編一、『古河』は古河歴史博物館資料調査報告『野田家文書』の略。

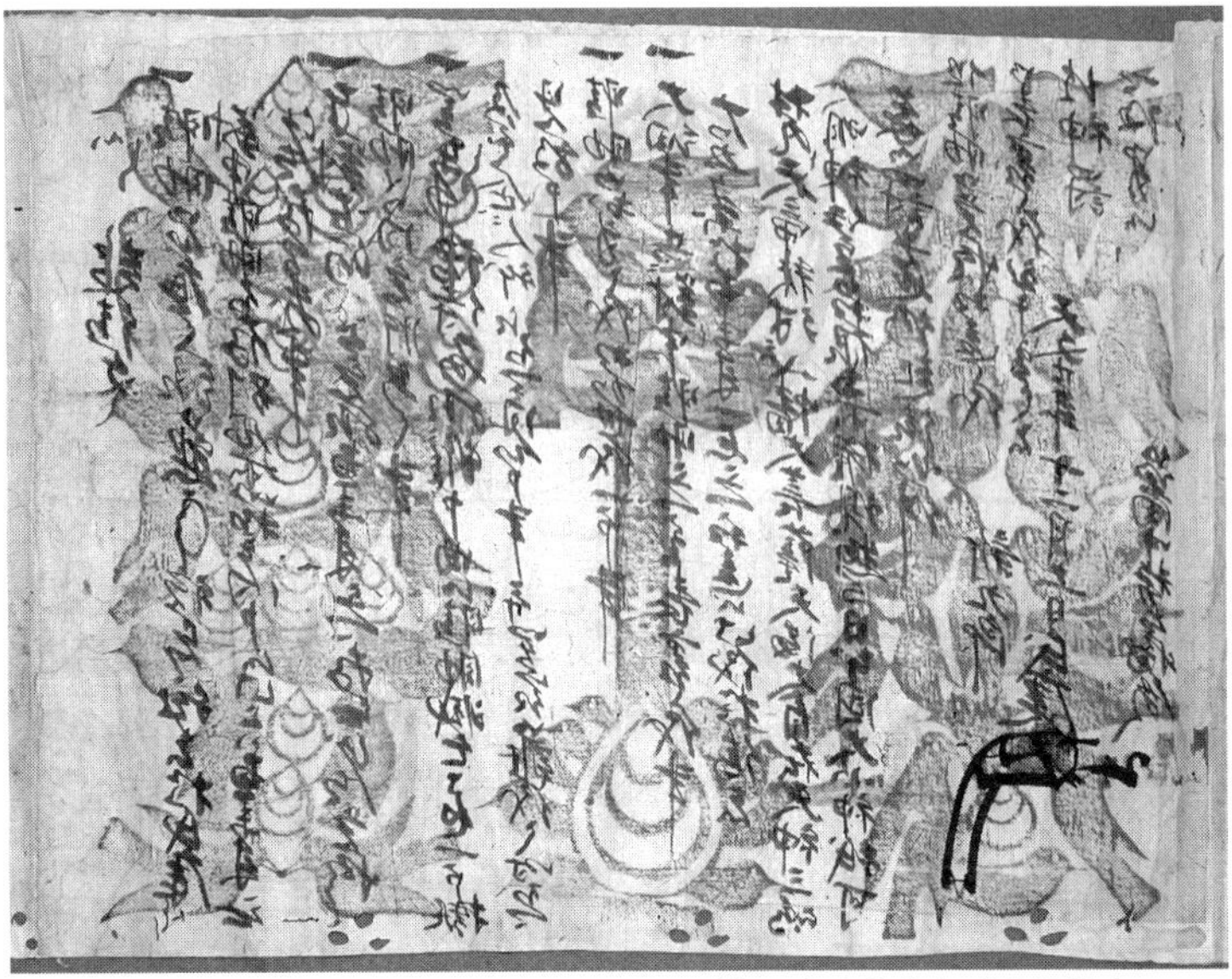

図13（表3No.3）　天文20年12月11日　簗田晴助宛北条氏康起請文
（千葉県立関宿城博物館寄託「簗田家文書」）

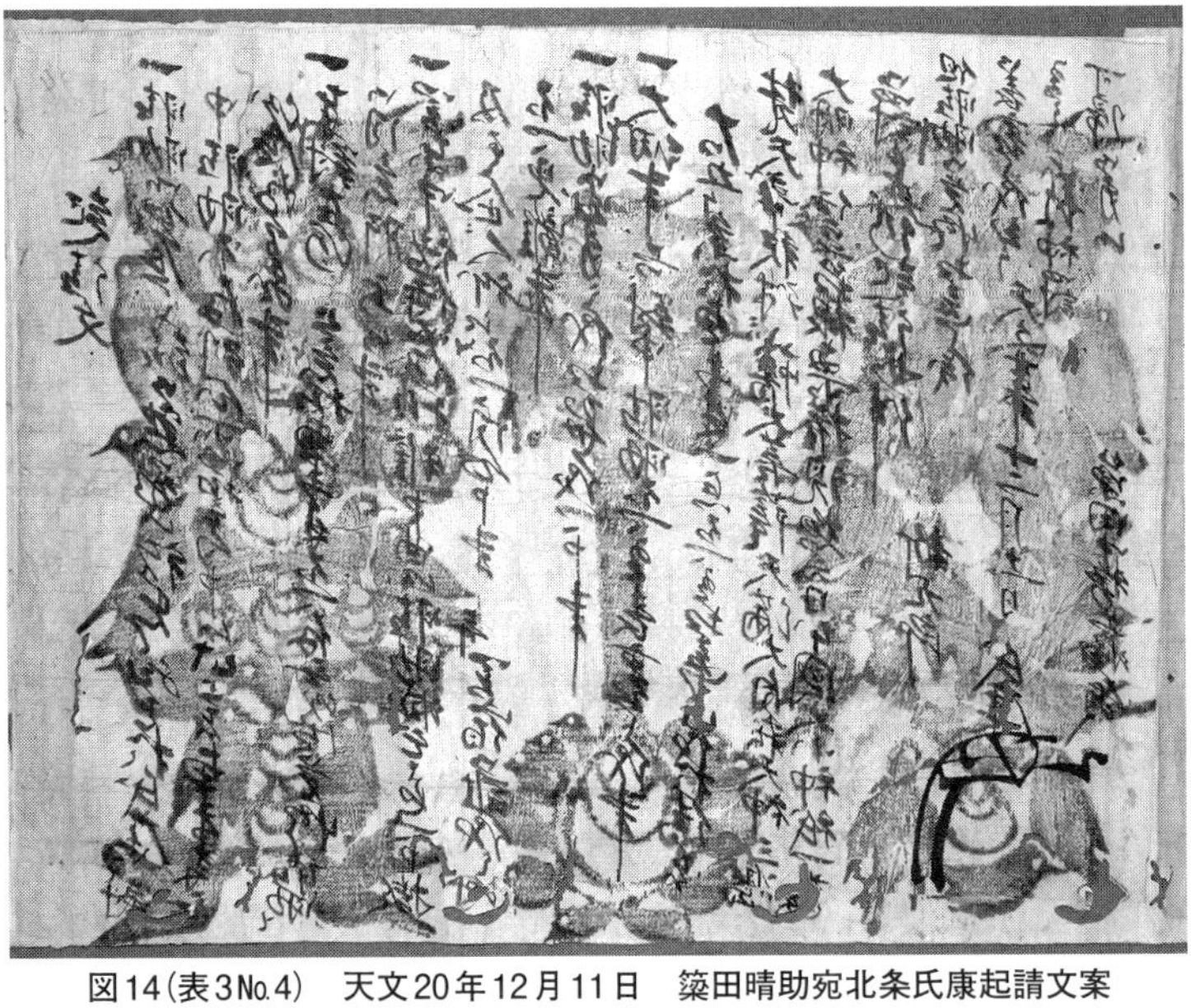

図14（表3No.4）　天文20年12月11日　簗田晴助宛北条氏康起請文案
（千葉県立関宿城博物館寄託「簗田家文書」）

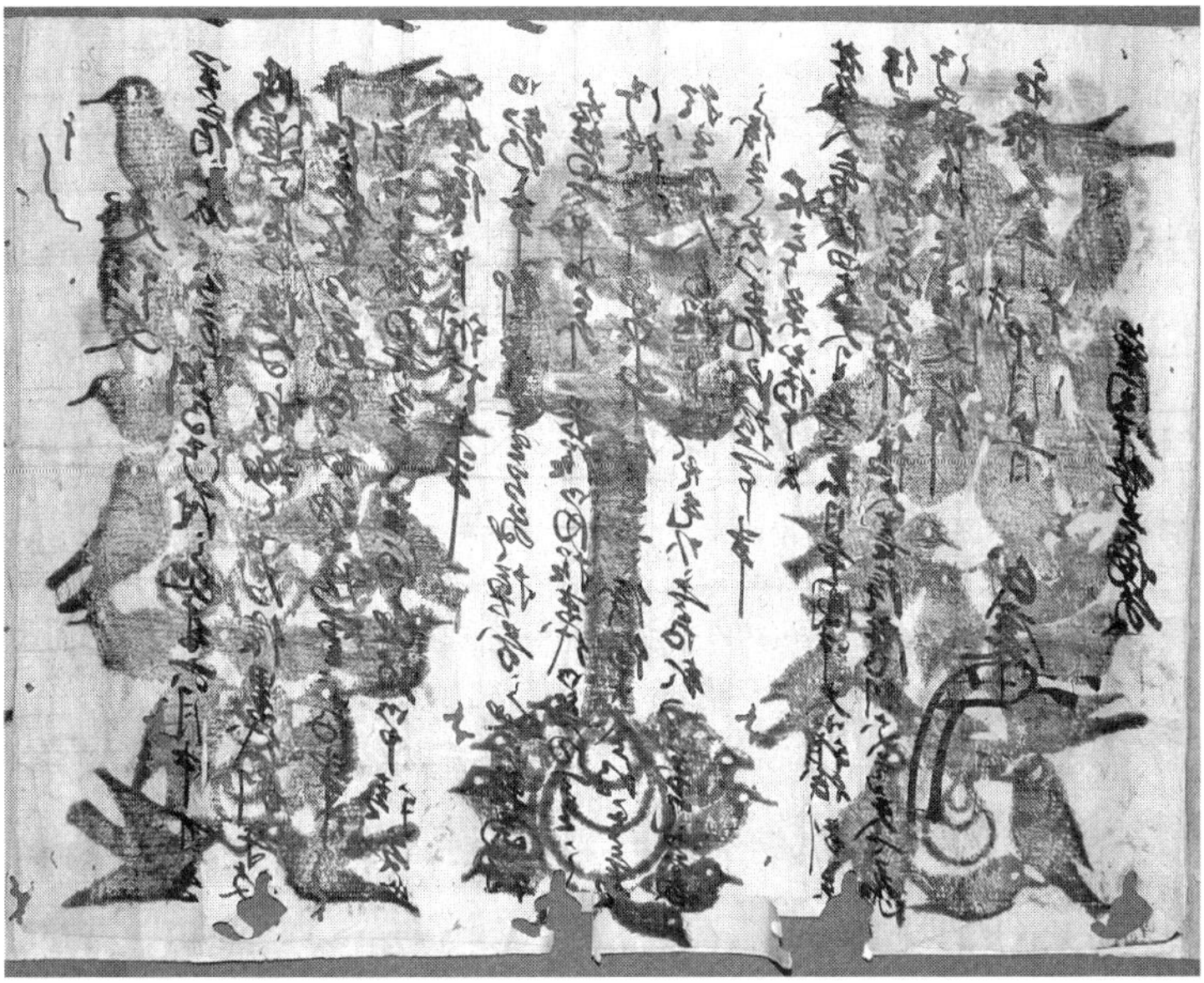

図15（表3№5）　永禄元年4月11日　簗田晴助宛北条氏康起請文
（千葉県立関宿城博物館寄託「簗田家文書」）

では、朱印についてはどのような特徴を確認できるか。中身のキリークの形や周囲の光背形については、図16と図17でほぼ同様であることを確認でき、また図18と図19については同時に何度か詳細に確認した結果、写真ではほとんど見えないが、右上の「那」という文字に特に注意すると、やはり図16・図17とほぼ同様の形・中身の朱印と思われる（口絵カラー図版）。朱印の大きさについても、図18・図19は、巻子装で朱印の形状が不鮮明なため計測はできなかったが、図16・図17は、それぞれ縦約八センチ、横約七センチ半ばでほぼ同様である。つまり、図16～図19の朱印は同一の形状と推測されよう[25]。

以上のことから、この四つは同一の版木から刷られた牛玉紙であり、同一版元から発行されたものと推定される。後北条氏当主は、少なくとも永禄中頃から、同一の版木で刷られた「那智瀧宝印」を起請文料紙として各領主に使用していた可能性が高い。ただしこの後、越相同盟後の条件交渉の際に取り交わした、（永禄十三年）二月十八日付上杉輝虎宛北条氏康・同氏政連署起請文（表3№10）には、版木の図様が今までと異なる「那智瀧宝印」が料紙として使用されている。

最後に、一族の氏照が比較的近い時期に発給した起請文二点（表3№11・№12）について、言及したい。表3№11は、前述した簗田晴助・同持助父子へそれぞれ宛てた北条氏政起請文（図18〈表3№8〉・図19〈表3№9〉）を補完する目的で発給されたもの、表3№12は、永禄十一年五月以前に実現した氏照の栗橋城（野田氏居城）領有化後に出されたもの[26]である。

これらの版木の図様は、烏点宝珠の数・形・向き、「印文字」、「宝珠」等が明らかに異なっており、また後北条氏当主のものとも異種である。管見事例が極めて少ないが、氏照も佐竹氏・南奥領主同様、発給時期・受給者にかかわらず、様々な版木で刷られた「那智瀧宝印」を料紙に使用していたことが考えられる。

後北条氏起請文の料紙の紙質については、佐竹氏・南奥領主同様、多くが楮紙と思われる。ただし、図16（表3№6）～図19（表3№9）は、他の「那智瀧宝印」を料紙に使用したものと比べて、手触りで若干ではあるが、紙に厚みがあるように感じられる。

料紙の法量に関しては、「那智瀧宝印」を料紙に使用した初期の後北条氏当主（図13〈表3№3〉～図15〈表3№5〉）・北条氏照（表3№11・№12）の起請文について、佐竹氏・南奥領主同様、おおよそ縦二〇センチ前半、横三〇センチ前半の長さで、ある程度一定の大きさの料紙を使用していたことがうかがえる。しかし、後北条氏当主の図16（表3№6）以降の起請文については、原本として残されているものを見る限りは、おおよそ縦三〇センチ、横四〇センチで、一回り大きい料紙を使用している（表3「法量」）。

つまり、後北条氏当主の起請文の場合、「那智瀧宝印」の版木の変化（図16〈表3№6〉以降）と連動して、料紙の形態についても、永禄中頃から変化したことが指摘できる。

おわりに

以上、不十分ながら佐竹氏・南奥領主層・後北条氏の起請文について、牛玉宝印・料紙の特徴等、原本調査によって明らかになったことを中心に述べてきた。ここでは、佐竹氏・南奥領主等と後北条氏当主で相違が見られる「那智瀧宝印」の版木の特徴を中心に、若干の知見を述べて結びとしたい。

佐竹氏の場合、全体として、発給時期や受給者にかかわらず、それぞれ異なる版木で刷られた「那智瀧宝印」を料紙に使用していたことを確認した。料紙の版元や入手ルートについては、紀伊の那智社で出されたものを御師・勧進聖等を通じて入手したのか、在地の神社から入手したのか、それらについては残念ながら判然としない。(27) しかし、佐竹氏が多数の牛玉紙入手ルートをもち、個別に起請文料紙として使用していたことは指摘できる。こうした「那智瀧宝印」の版木の形式、多数の牛玉紙入手ルートは、南奥領主層や北条氏照の起請文においても、ほぼ同様の傾向である。

これに対して後北条氏当主の場合、版元や入手ルートは不明であるものの、少なくとも永禄中頃から、同一の版木で刷られた「那智瀧宝印」を料紙に使用していたことが明らかとなった。後北条氏当主は、多数の版元から牛玉紙を入手している可能性はあるものの、(28) 特定版元の「那智瀧宝印」を起請文料紙に使用していたと推定される。図16（表3 №6）～図19（表3 №9）の起請文料紙の場合、佐竹氏・南奥領主層・北条氏照のものより一回り大きくなっている等、料紙の形態についてもほぼ共通の特徴がうかがわれる。

こうしたことは後北条氏当主が、弘治～永禄期に関東制圧を目指し北関東へ進出する等の勢力の伸張を背景として、起請文料紙に統一性をもたせようとしていたことを意味するのではないだろうか。これは、佐竹氏等の起請文料紙と比べた場合、異質な感がある。統一的な印判の用法・機能[30]、判物や印判状の明確な使用基準[31]、相手先に応じた料紙形式の選択[32]等、後北条氏の文書作成の仕組みがかなり成熟したものであることが先学によって指摘されており、こうした点が起請文料紙にも反映されたものと思われる。とすれば問題となるのは、越相同盟後の条件交渉の際取り交わした、上杉輝虎宛起請文（表3No.10）の全体の中での位置付けである。この点については、関東管領職を承認され書札礼上優位に立った上杉氏[33]を後北条氏が意識し、上杉氏に対してのみ別な「那智瀧宝印」を使用したことが、可能性の一つとして考えられるかもしれない。

註

（1）佐竹氏当主の牛玉宝印使用は、永正七年十二月二日付佐竹義舜起請文写（『茨城』Ⅳ所収、家蔵一〇No.九八・No.九九）が初見である。この起請文写には、「熊野午玉」としか注記されておらず、牛玉宝印が「那智瀧宝印」かどうか不詳である。一方、佐竹一族の牛玉宝印使用は、（明応二年）十月八日付山入氏義起請文写（『茨城』Ⅳ所収、家蔵一〇No.一〇〇）が初見である。この起請文写には、「日光之午王」という注記が見られるため、「那智瀧宝印」を起請文料紙として使用していないことがわかる（千々和到「中世の誓約の作法」〈二木謙一編『戦国織豊期の社会と儀礼』所収、吉川弘文館、二〇〇六年〉）。

（2）表1No.5は、料紙の現状から表1No.11同様、もとは二紙継の牛玉紙とみられ、起請文はその裏に記されている。なお、表1No.11は起請継ではなく、一紙目を上、二紙目を下にする通常の継ぎ方をしている。

（3）荻野三七彦「古文書に現れた血の慣習」（同『日本古文書学と中世文化史』所収、吉川弘文館、一九九五年、初出一九三八年）。

（4）佐竹氏起請文で血判が使用された初見は、当主・一族とも、それぞれ註（1）起請文写で、「血判」の注記が見られる。なお、佐竹氏当主・一族の場合、牛玉宝印使用が注記された起請文写にも、そのほとんどに「血判」の注記が確認できる（本書第四章「佐竹氏の起請文発給・受給形態」表1）。

（5）相田二郎「起請文の料紙牛王宝印について」（同『日本古文書学の諸問題』所収、名著出版、一九七六年、初出一九四〇年）。

（6）版木の異同を精査する際、共通の欠損部分に着目する点については、千々和到・太田直之「中・近世の牛玉宝印と起請文」（『神道と日本文化の国学的研究発信の拠点形成　研究報告書』所収、國學院大學21世紀COEプログラム研究センター、二〇〇三年）を参照。

（7）千々和到「「書牛玉」と「白紙牛玉」」（石井進編『中世を広げる』所収、吉川弘文館、一九九一年）。

（8）註（5）相田論文。

（9）佐々木倫朗「北家義斯の活動」（同『戦国期権力佐竹氏の研究』第二章第二節、思文閣出版、二〇一一年、初出一九九七年）。

（10）佐々木倫朗「〈史料を読む〉東京大学史料編纂所蔵『佐竹義重等誓紙写』について」（『日本史学集録』二八、二〇〇五年）。

（11）この起請文は、一紙目・二紙目とも同一の版木で刷られた牛玉紙と推定され、朱印（キリーク）の形状も酷似している。

（12）旧稿では、表2№4・№12（図12）について、「各牛玉紙の表、つまり牛玉宝印が刷られている面に起請文が記されている」と述べた(「戦国期南奥領主の起請文に関する基礎的考察」〈『栃木県立文書館研究紀要』一四、二〇一〇年〉)。しかし、旧稿発表後、表2№5の起請文が発見され、さらに、表2№4・№5・№12(図12)の牛玉紙は「那智瀧宝印」が鏡文字で彫られた版木で刷られたもので、そのため起請文面から見た場合「那智瀧宝印」が正字になる、という点を泉田邦彦氏が発表された(「中世東国における熊野牛玉宝印の版木に関する一考察」〈『常総中世史研究』二、二〇一四年〉)。この点について、旧稿の記述も踏まえ、若干の卑見を述べておきたい。

表2№5については、原本を実見し牛玉紙の表・裏の版面の墨色を比較したところ、泉田氏の述べるように、版木が鏡文字「那智瀧宝印」であることは可能性として考えられる。また、表2№4・№12(図12)についても、その可能性が全くないわけではなく、旧稿で牛玉紙表に起請文が記されていると断定した点は、早計であったと認めざるを得ない。しかし、表2№4については巻子装で、永年の保存の過程で墨色も含めて料紙の状態が変化している可能性があり、また、表2№12(図12)については厚めの楮紙で裏打ちがなされている。そのため、泉田氏が述べるように、料紙の現状から版木が鏡文字「那智瀧宝印」であることはやはり断定し難く、依然として牛玉宝印が刷られている面に起請文が記された可能性も十分考えられよう。鏡文字「那智瀧宝印」の版木で刷られた起請文が他に見られるかどうか、今後、他地域での事例も含めて慎重に原本調査を行い、検討していきたい。

(13) 牛玉宝印使用が注記された南奥領主層の起請文写にも、「血判」の注記または、血判跡を示したとみられるものが花押付近に影写されている(註(12)拙稿)。

(14) 大内定綱・片平親綱が伊達氏へ服属する過程については、垣内和孝「服属の作法」(『郡山地方史研究』四〇、二〇一〇年)を参照。

(15) 表2№2については、「熊野信仰と東北展」実行委員会編集・出版『熊野信仰と東北』(二〇〇六年)掲載の写真を参照。

(16)　白川義親は、永年佐竹氏に奪われてきた陸奥南郷(福島県東白河郡一帯)等の本領奪回を援助するという条件のもとに、伊達政宗と同盟関係を結んだ(小林清治「義親と中世白川氏の終末」〈同『戦国大名伊達氏の研究』所収、高志書院、二〇〇八年、初出二〇〇四年〉)。

(17)　註(12)泉田論文は、表2No.4・No.5・No.12(図12)が同一の版木から刷られたものと断定している。しかし、氏自身も述べているとおり、表2No.4・No.12(図12)は「那」「智」等、不鮮明な箇所が多く、烏点の数・形・向き等に不明な部分があるため、版木が同一であると断定し難い。

(18)　樺倉相模守は、熊野先達の蒲倉大祥院を指し、当時田村氏は蒲倉大祥院より上位の関係にあった(垣内和孝「田村氏と蒲倉大祥院」〈同『室町期南奥の政治秩序と抗争』第七章、岩田書院、二〇〇六年、初出一九九六年〉)。

(19)　福原氏は、安積郡福原城主と言われている(『三春町史』第一巻自然・原始・古代・中世〈通史編Ⅰ〉第四編第四章「戦国時代」、小林清治執筆分、一九八二年)。

(20)　この時期の伊達氏の政治的動向については、小林清治「戦国大名伊達氏」(註(16)同著書所収、初出一九九七年)等を参照。

(21)　註(12)拙稿では、天正十五年三月五日付白川義親宛蘆名一族・宿老連署起請文(表2No.15)と天正六年八月十九日付白川義親宛佐竹義久起請文(表1No.11)について、「起請文料紙に使用された「那智瀧宝印」の版木は、同種類の可能性が極めて高い」と述べ、「(起請文料紙の)発行元は蘆名氏・佐竹氏それぞれの領域圏を超えた神社、つまり紀伊の那智社から料紙が入手されたことが可能性の一つと考えられる」と推測した。しかし、図様細部を再調査した結果、全体として版木の形状が酷似しているものの、烏点宝珠の烏形の一部に若干の違いが認められ、朱印の大きさや中身もやや異なっていることが判明した。そのため、これらの料紙に使用された「那智瀧宝印」の版木と朱印は、同一のものではないと推定され、それぞれの起請文料紙の版元が紀伊の那智社である点についても、判然としない。そのため、旧稿の記述を本文のように訂正する。

(22) 註(1)千々和論文。なおこの中で、年未詳十一月七日付簗田晴助宛梅千代王丸(後の足利義氏)起請文(簗田家文書、『千葉県の歴史』資料編中世四所収)に使用された「大山寺宝印」は、江戸時代前期の版と推定されている。

(23) 後北条氏と簗田氏の政治的関係については、佐藤博信「簗田氏の研究」(同『古河公方足利氏の研究』第三部第二章、校倉書房、一九八九年、初出一九八一年)を参照。

(24) 黒田基樹「由良氏の研究」(同『〈増補改訂〉戦国大名と外様国衆』第八章、戎光祥出版、二〇一五年、初出一九九七年)。

(25) 表3No.2・No.4(図14)・No.10・No.12の朱印については、周囲が光背形、中身は梵字のキリークであることを確認した。ただし、朱印の形状については、表3No.4(図14)は不鮮明で、表3No.2・No.10・No.12は同一の形状とみなし難く、さらに表3No.6(図16)~No.9(図19)とも異なる形状に見える。

(26) 北条氏照と野田氏の政治的関係については、新井浩文「幸手一色氏と栗橋野田氏」(同『関東の戦国期領主と流通』第二部第五章、岩田書院、二〇一二年、初出二〇〇六年)を参照。

(27) 千々和到「祈りと誓いの形木・牛玉宝印」(網野善彦・石井進・谷口一夫編『中世資料論の現在と課題』所収、名著出版、一九九五年)。

(28) 後北条氏の場合、氏政が年頭の祝儀として鶴岡八幡宮の牛玉宝印を神主から贈られ(鶴岡神主家伝文書、『小田原市史』史料編中世Ⅲ〈以下『小田原』と略す〉No.二一七五・同No.二二五〇)、さらに氏直が橋本坊から石清水八幡宮の牛玉宝印を入手しているが(尊経閣文庫所蔵文書、『小田原』No.一三四五)、起請文料紙として使用された形跡は見られない。また、後北条氏の「那智瀧宝印」の入手等に関わる史料については、管見の限り確認できない。
(29)　市村高男『東国の戦国合戦』(吉川弘文館、二〇〇九年)。
(30)　先駆的な研究として、相田二郎「北条氏の印判に関する研究」(佐脇栄智編『後北条氏の研究』所収、吉川弘文館、一九八三年、初出一九三五年)がある。
(31)　田辺久子・百瀬今朝雄「小田原北条氏花押考」(註(30)佐脇編著書所収、初出一九七七年)、山室恭子『中世のなかに生まれた近世』(吉川弘文館、一九九一年)。
(32)　鳥居和郎「戦国大名北条氏とその文書」(神奈川県立歴史博物館編集・出版『戦国大名北条氏とその文書』所収、二〇〇八年)。
(33)　市村高男「越相同盟と書札礼」(『中央学院大学教養論叢』四―一、一九九一年)。なお、後北条氏当主が起請文を領主層と取り交わしていたことは、少なくとも天正後半頃まで確認できる(〈天正十三年〉十二月四日付原親幹宛北条氏政書状〈原文書、『小田原』一七一五号〉)。

〔付記〕　旧稿発表後、新井浩文「〈史料紹介〉「簗田家文書の世界」Ｉ」(千葉県立関宿城博物館『研究報告』一七、二〇一三年)に接した。簗田家文書の起請文全ての写真・翻刻文と基礎データが紹介されている。あわせて参照されたい。

第二章　「揚北衆」の起請文

はじめに

「揚北衆」は、鎌倉期以来の地頭職を基盤に領主制を展開し、戦国期においても阿賀野川以北に割拠した領主層の総称である。本章で特に関係するのは、小泉荘の本庄・鮎川・色部・小河氏、奥山荘の黒川・中条氏、白河荘の安田氏等である（図参照）。十六世紀前半頃の越後において、これらの領主は、相互に対立・協調を繰り返しながらも、しばしば府中の上杉・長尾氏権力と対峙し政局を左右する、相対的自立性を保持した存在であった。

「揚北衆」は、戦国期越後の争乱の過程で多数の起請文を発給している。そのため、先学によって「揚北衆」の政治的動向や存在形態が検討される中で、起請文の内容、発給・受給契機等について関説されている他[1]、起請文の神文・罰文から信仰や地域社会の変質等を考察する試みが行われている[2]。また、近年では起請文の様式についての研究も深められ、千々和到氏は元亀元年以前における越後の起請文の血判・牛玉宝印の一覧を示し[3]、さらに鶴巻薫氏は越後の起請文が牛玉紙一紙の裏に前書と神文・罰文を記す形式で、複数に及ぶ場合は牛玉紙を継いで作成している点等を指摘している[4]。

本章では、前章に続いて戦国期起請文の様式に関する基礎的事実を集積し、領主間の比較検討を行う作業の一貫と

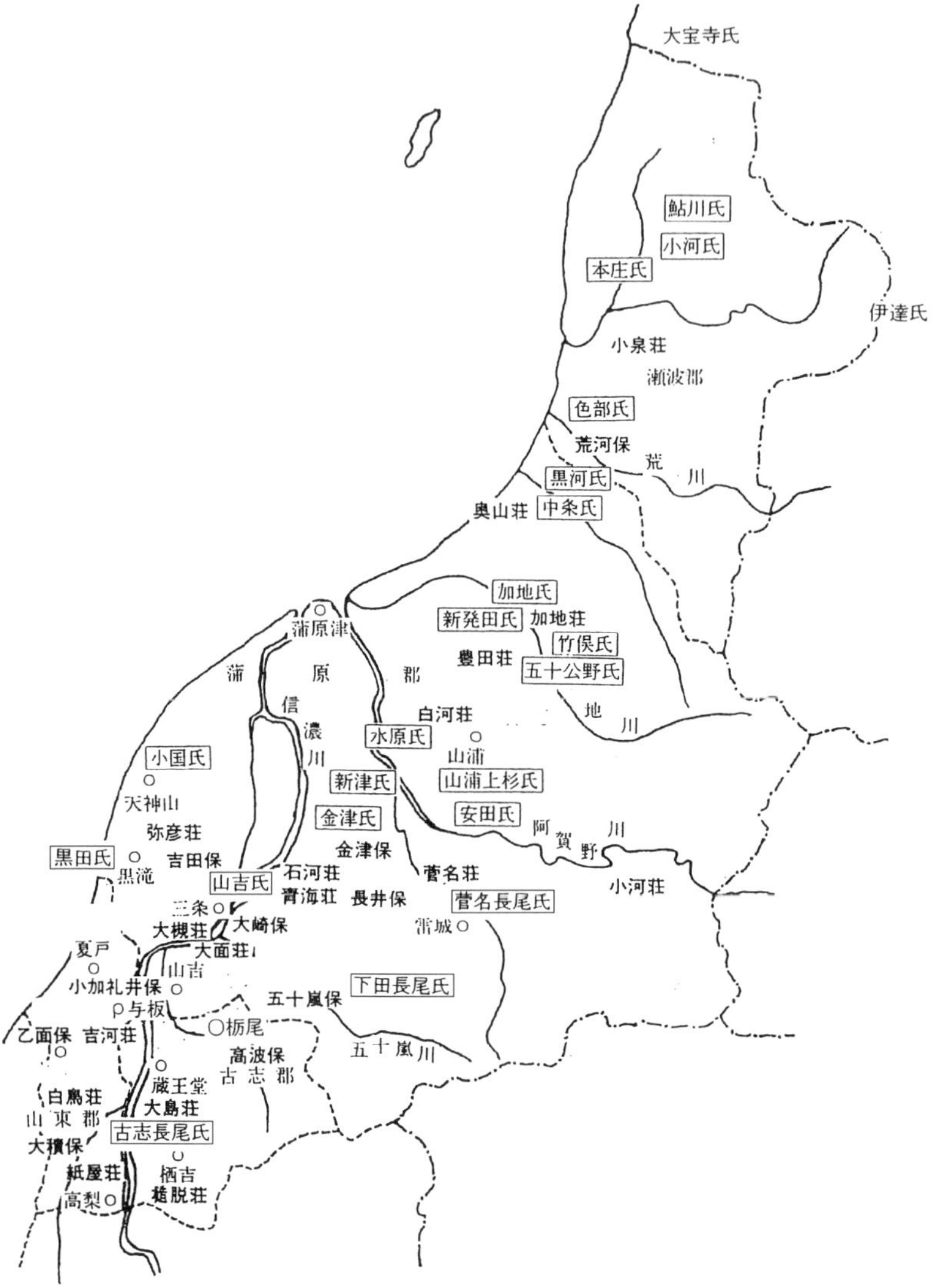

戦国期阿賀北地方の勢力図

長谷川伸「上杉謙信と揚北衆」(田村裕・坂井秀弥編『中世の越後と佐渡』所収、高志書院、1999年)掲載の図に加筆・修正して、戦国期越後の領主層、主に「揚北衆」の起請文に関する古文書学的特徴を精査する。分析に際しては特に、起請文料紙に使用された「那智瀧宝印」の版木や朱印の形態に着目して、検討することとしたい。主に「揚北衆」を検討の対象とするのは、関係する貴重な起請文原本が多数残されているだけでなく、越後長尾・上杉氏権力に従属する一ランクまたは二ランク下の領主層の起請文様式を考察する上で、好個の素材と考えられるからである。

後掲表は、原本調査に基づき、戦国期越後の領主層が発給した起請文の中で、料紙に牛玉宝印が使用されたものを編年順に整理したものである。[5] 発給者をまとめると、越後長尾・上杉氏当主（№1・№24～№27・№29）、「揚北衆」とその家中（№2・№5～№7・№9・№11～№16・№18～№20・№22）、蒲原郡の領主（№3・№4）、越後長尾・上杉氏の家臣及び同心衆（№8・№10・№21・№23・№28）、越後守護の上杉定実（№17）である。

ここでは特に、「揚北衆」の起請文が集中的に出された永正～大永期と享禄～天文期を中心に、論を進めていくこととする。

一　永正～大永期の起請文

はじめに、表№2～№7の起請文料紙に使用された「那智瀧宝印」の版木・朱印の形状を検討する（表「烏点宝珠の数」「印文字」「宝珠」）。版木・朱印の形状を分析する方法としては、「那智瀧宝印」が刷られた版面について、烏点宝珠の数・形・向き、「印」の垂直の線中に表された文字（本章では「印文字」と呼ぶ）、群鴉に囲まれた宝珠の図と中に表された文字（本章では「宝珠」と呼ぶ）等の特徴を抽出する。[6] なお、版木の異同についてできるだけ正確さを期すため、外見的特徴がほぼ同じ場合、版面の法量、「印」の垂直な線の長さ、「宝珠」の楕円形部分の法量を計測した。また、牛玉宝印の本質(7)である朱印については、数・配置・印形の特徴を可能な限り言及したい。

図1(表№3)~図5(8)(表№7)は、蒲原郡の新津・千田・豊島氏、「揚北衆」の本庄・色部・黒河・中条氏が、ほぼ同時期に長尾為景へ宛てた起請文である(以下図14まで牛玉宝印が刷られた版面、すなわち文字が記された面の裏側を示す)。永正四年(一五〇七)八月、守護代長尾為景は守護上杉房能を打倒し、上杉一門の上杉定実を擁立した(永正の乱)。永正十一年一月、守護定実とそれを支持する勢力との抗争にも勝利した為景は、領国支配の実権を確実に掌握していった。そうした中で、大永六年(一五二六)一月、新津・千田・豊島氏に何らかの不穏な動きがあったため、為景への忠節を誓わせたのが、図1・図2(表№4)である。また一方で、為景は本庄・色部・黒河・中条氏にも図3(表№5)~図5の起請文を提出させ、同盟して長尾氏に不義を働かないこと等を誓約させた。

まず、図1(表№3)の新津景資起請文と図4(表№6)の黒河盛重起請文を検討する。これらは、「印文字」が確認できず、烏点宝珠の数・形・向き、「宝珠」(半円形の線三本)が同様である。また、版面の法量(おおよそ縦二三チセン半ば×横三二チセン)、「印」の垂直な線の長さ(約七チセン)、「宝珠」の楕円形部分の法量(縦約二チセン半ば×横約二チセン半ば)についても、ほぼ同様とみなされる。さらに、どちらの「那智瀧宝印」にも、「宝珠」と「印文字」の間、及び「印文字」と烏点宝珠で表された「印」の字の宝珠部分の間に、版木が削られた部分(黒印がない部分)がそれぞれ確認できる。料紙の大きさ・紙質(楮紙カ)についても、おおよそ同様と思われる。つまり、これらの起請文料紙は、同一の「那智瀧宝印」の版木から刷られたものと推定される。この場合、地理的にやや遠隔である蒲原郡の新津氏と奥山荘の黒河氏が、同一の版元から牛玉紙を入手し起請文料紙として使用したとみられるが、入手の方法・ルート等については、不詳である。また、朱印については、どちらも料紙の上段に横に並べて三つ、下段に左右各一つの計五つ、「那智瀧宝印」の字の上付近にそれぞれ捺印されているが、印の中身については、図4は阿弥陀如来の種子を表す梵字のキリークと思われるものを確認できるものの、図1は不鮮明で印形を判別し難い。

次に、図1（表№3）・図4（表№6）と、図2（表№4）・図3（表№5）・図5（表№7）を比較したい。これらの「那智瀧宝印」の図様を比較すると、烏点宝珠の数・形・向き、「印文字」、「宝珠」が明らかに異なっているため、それぞれ別々の版木から刷られたものであることがわかる。これらは、永正の乱を契機に発給された中条藤資宛安田実秀起請文（表№2）の「那智瀧宝印」の図様とも異種である。

以上の点をまとめると、永正～大永期に長尾為景へ宛てた起請文については、一組のみ同版の可能性が高いことを指摘したが、全体として「那智瀧宝印」の版木の形式に統一性は見られず、様々な版木で刷られた牛玉紙を起請文料紙として使用していたことが指摘できる。

二　享禄～天文期の起請文

ここでは、表№9以降、特に享禄～天文期の起請文料紙に使用された「那智瀧宝印」の版木・朱印の形状を中心に検討する（表「烏点宝珠の数」「印文字」「宝珠」）。

享禄三年（一五三〇）十月、上杉一門の上条定憲が長尾為景に反旗を翻し、阿賀北地方にもその反乱は波及した。その中で、本庄房長は十二月、為景に対し不義しない旨を図6-1・2（表№9）によって色部憲長へ誓約する。しかし一方で、享禄四年八月には、小泉荘の本庄・鮎川・色部・小河氏は「他庄」「府内（長尾氏）」「家中」等の様々な問題に対し相互の団結を図るため、図8（表№11）～図10（表№13）によって領主間協約を結んだ(9)。また、図8～図10と同一時期に蒲原郡代の山吉政久が長尾為景へ宛てた図7（表№10）は、大崎保（新潟県三条市）の御料所年貢を上納すること等を誓約している。

図8（表No.11）～図10（表No.13）は、文字面を表として巻装されているため、パソコンで左右を反転させ、牛玉宝印が刷られた面を示した（以下、図11〈表No.14〉～図14〈表No.16〉についても同じ）。図8～図10は、『新潟県史』資料編四中世二で牛玉宝印が判明されていなかったが、原本を見る限り、牛玉は烏点宝珠で示された「那智瀧宝印」の一種とみられる（図10は写真では不鮮明だが、烏点の数や「瀧」「宝」の宝珠の数に着目すると「那智瀧宝印」とみなされる）。特に注目すべきなのは図8で、これは牛玉が天地逆となった裏に起請文が記されており、他地域でも事例が確認できる。[10]

まず、前節でも検討した図5（表No.7）と、図7（表No.10）を検討する。大永八年六月に八幡宮の牛王紙を起請文料紙として使用していた山吉政久（表No.8）は、図7に見えるように、牛玉を何らかの理由で「那智瀧宝印」へ変更している。これらは検討の結果、烏点宝珠の数が同じであり、「印文字」が確認できず、「宝珠」（半円形の線三本）も同様である。また、「印」の垂直な線の長さ（約七チセン）、「宝珠」の楕円形部分の法量（縦約三チセン後半×横約三チセン後半）も、計測するとほぼ同様であることがわかる。しかし、このように全体として版木の形状が酷似しているものの、図様細部を詳細に観察すると、烏点宝珠の烏形の一部に違いが認められ、版面の法量も、図7の方がやや小さい。そのため、これらの料紙に使用された「那智瀧宝印」は、同一の版木から刷られたものではないと推定される。なお、朱印についても、印の中身は梵字のキリークに見えるが、光背形の模様が異なっているため、明らかに異種である。

次に、図6－1・2（表No.9）と、その約八ヶ月後に出された図10（表No.13）を検討したい。これらは、同一の発給者（本庄房長）と受給者（色部憲長）で、比較的近い時期に出されたものである。図6－1・2は牛玉紙が起請継されており、一紙目・二紙目とも同一の版元から発行された「那智瀧宝印」と推定される。[11]しかし、図10の版面と比較すると、烏点宝珠の数・形・向き、「宝珠」（図10は陽刻）が異なっており、さらに、図10とほぼ同一時期に作成された図7（表No.10）～

図9（表№12）についても、同一の視点で版面を分析すると、版木の図様に違いが確認できる。つまり、図6～図10は、それぞれ異なる版木から刷られた「那智瀧宝印」であることがわかる。なお、同一発給者・受給者の事例として、天文二十年（一五五一）十一月と弘治四年（一五五八）閏六月に本庄繁長が色部勝長（憲長嫡子）へ宛てた起請文（表№20・№22）、天文十年七月と天文二十年十一月に鮎川清長（元張）が色部勝長へ宛てた起請文（図11〈表№14〉、表№19－1・2）が残されているが、これらについても明らかに異なる牛玉紙を使用している。

続いて、天文十年七月から八月にかけて出された図11（表№14）～図14（表№16）を検討する。これらは、本庄房長亡き後の天文十年二月以前、本庄孫五郎（房長弟）に対し、小河・鮎川氏が千代猪丸（後の本庄繁長）を担いで本庄氏の家中運営に介入した下渡島（新潟県村上市）事件が起きたため、近隣の色部勝長が仲裁を図り、小泉荘の領主間の協調関係を確認するために取り交わされたものである。[12]

図11（表№14）は、鮎川氏当主の清長が色部氏当主の勝長へ、図12（表№15－1）・図13（表№15－2）は、鮎川家中が色部家中へ出したもので、[13]これらはほぼ同時に組み合わされて発給したものである。図12・図13は、現状は別々の文書として巻装されているが、もとは一紙目が熊野本宮の牛玉宝印（図12）、二紙目は「那智瀧宝印」（図13）で継がれたものである[14]（継方は不詳）。

図11（表№14）と図13（表№15－2）を比較すると、烏点宝珠の数・形・向き、「宝珠」（半円形の線三本）が同様である。また、「印文字」についても、写真ではやや見えづらいが、「本」の下に「一」と陽刻されているのが、原本を実見すると確認できる。さらに、版面の法量（おおよそ縦二四センチ×横三二センチ）、「印」の垂直な線の長さ（約八センチ）、「宝珠」の楕円形部分の法量（縦約五センチ半ば×横約四センチ半ば）についても、ほぼ同様である。料紙の大きさ・紙質（楮紙カ）についても、巻装のため慎重を期さなければならないが、おおよそ同様とみられる。つまり、全体的な版面の特徴から考えると、黒

印のにじみ等が若干あり、共通の版木の欠損部分等は確認できないが、[15]図11と図13は、同一の版木から刷られた「那智瀧宝印」と推測される。この場合、鮎川氏当主及び家中が、同一版元から入手した牛玉紙を同時期に起請文料紙の一部として使用したものとみられる。なお、朱印については、「那智瀧宝印」の字の上付近にそれぞれ五つ捺印されていることは確認できるが、大きさ・印形・中身については、残念ながら判然としない。

しかし一方で、小河長資が色部勝長へ宛てた図14（表№16）については、同様の視点で分析すると、図11（表№14）と図13（表№15-2）と異なる図様の「那智瀧宝印」である。さらに、この他の天文期以降の「那智瀧宝印」を使用した越後領主の起請文（表№17～№23・№28）についても、版面を検討した結果、他と同一の版木から刷られた「那智瀧宝印」は確認できない。

以上の点をまとめると、享禄～天文期の起請文についても、全体的な傾向として、様々な版木で刷られた「那智瀧宝印」を起請文料紙に使用していたことが指摘できる。

おわりに

「揚北衆」の起請文の場合、牛玉宝印として「那智瀧宝印」が主に使用され（表「牛玉宝印」）、花押付近を中心に血判が据えられているものが多い。料紙の紙質については、観察上の判断ではあるが、楮紙が多いと思われる。[16]また、「那智瀧宝印」が使用された起請文料紙の法量については、巻装や裏打ちが多く慎重を期さなければならないが、一紙あたりおおよそ縦二〇チセン前半～中ば、横三〇チセン前半の長さで、ある程度一定の大きさの料紙を使用していたことがうかがえる（表「法量」）。

版木については、発給時期や受給者にかかわらず、全体的な傾向として、それぞれ異なる版木から刷られた「那智瀧宝印」を起請文料紙に使用している。牛玉紙が二紙継の場合、同一版木から刷られたとみられるもの（図6－1・2〈表No.9〉、表No.21～No.23）が確認できるが、一方で異なる牛玉紙を継いだもの（図12〈表No.15－1〉・図13〈表No.15－2〉）、異種の「那智瀧宝印」を継いだもの（表No.19－1・2）も見られる。こうした牛玉紙の使用の仕方から考えると、「揚北衆」は多数の牛玉紙入手ルートをもち、それらを各領主が個別に起請文料紙として使用していたことが推測されよう。なお、朱印については、多くが「那智瀧宝印」の字の上付近にそれぞれ計五つ捺印される形式で、管見で確認できた朱印は、周囲が光背形、中身は梵字のキリークに見える（表No.2、図3〈表No.5〉～図7〈表No.10〉・図9〈表No.12〉）。こうした版木・朱印の形態は、「那智瀧宝印」を起請文料紙に使用した「揚北衆」以外の越後領主層の起請文についても、ほぼ共通の特徴と言える。(17)

つまり、牛玉宝印として「那智瀧宝印」を使用した「揚北衆」等越後領主層の起請文は、本書第一章で指摘した佐竹氏・南奥領主等の起請文料紙の特徴とほぼ同様の傾向を示しているのではないだろうか。

註

（1）　羽下徳彦「越後における永正～天文年間の戦乱」（同『中世日本の政治と史料』所収、吉川弘文館、一九九五年、初出一九六一年）、佐藤博信「戦国大名制の形成過程」（同『越後中世史の世界』第六章、岩田書院、二〇〇六年、初出一九七三年）、池享「大名領国形成期における国人層の動向」（同『大名領国制の研究』第二部第二章、校倉書房、一九九五年、初出一九八七年）、長谷川伸「上杉謙信と揚北衆」（田村裕・坂井秀弥編『中世の越後と佐渡』所収、高志書院、一九九九年）、『村上市史』通史編一原始・古代・中世第九章「越後の内乱と「揚北衆」の時代」（長谷川伸執筆分、一九九九年）等

を参照。長谷川氏は、「上杉謙信と揚北衆」の中で、「(揚北衆は)地域権力として独立した国人各々が必要に応じて有事に連合する集合体」と述べている。

(2) 竹田和夫「謙信の起請・祈願・呪法」(池享・矢田俊文編『定本・上杉謙信』所収、高志書院、二〇〇〇年)、栗原修「起請文にみる「地域神」と地域社会」(広瀬良弘編『禅と地域社会』所収、吉川弘文館、二〇〇九年)。

(3) 千々和到「中世の誓約の作法」(二木謙一編『戦国織豊期の社会と儀礼』所収、吉川弘文館、二〇〇六年)。

(4) 鶴巻薫「中世戦国期武家における起請文の機能について」(『新潟史学』五九、二〇〇八年)。

(5) この他、天正十年四月二十六日付上杉景勝起請文写(木村文書、『新潟県史』資料編五中世三No.三八七八)には、東京大学史料編纂所所蔵影写本で確認したところ、「牛王紙」の注記が見られる。

(6) 「那智瀧宝印」の分析方法については、相田二郎「起請文の料紙牛王宝印について」(同『日本古文書学の諸問題』所収、名著出版、一九七六年、初出一九四〇年)を参照。

(7) 千々和到「「書牛玉」と「白紙牛玉」」(石井進編『中世を広げる』所収、吉川弘文館、一九九一年)。

(8) この起請文の袖付近には、切封の紐が欠失したとみられる跡が確認できる(切封墨引跡は確認できない)。戦国期関東や南奥の地域権力の場合、切封された起請文料紙は、管見の限り確認できないが、料紙本紙が奥から袖へ畳んで折られて封紙に入れられ、折封された形式は確認できる(天正十六年四月十二日付大内備前守宛伊達政宗起請文〈大内家文書、『仙台市史』資料編一〇伊達政宗文書ⅠNo.二三九〉)。起請文の封式についても、原本調査で得られた知見を基に、今後検討すべき課題の一つと思われる。

(9) これらの起請文のうち、図10(表No.13)の本庄房長起請文には小河氏の名前が記されず、図9(表No.12)の内容は他二通に比べて従属的な文言であるため、四氏が対等な関係にあったとは言い難い(註(1)長谷川「越後の内乱と「揚北衆」の時代」)。なお、小河氏は本庄氏の一族と言われている(註(1)『村上市史』通史編一原始・古代・中世第六章「南北朝・室町期の小泉庄」、長谷川執筆分)。

(10) 同様の様式として、永禄十年八月七日付馬場信盈等連署起請文(生島足島神社・東信史学会・塩田文化財研究所編『信玄武将の起請文』№五八、信毎書籍出版センター、一九八八年)がある。

(11) 一紙目・二紙目とも、「那智瀧宝印」を表す烏点宝珠の数・形・向き、「宝珠」(半円形の線三本)、版面各部分の法量はほぼ同様である。また、朱印についても、同様の印形・大きさ(約九センチ半ば×約八センチ半ば)・中身(梵字のキリーク)とみられるものが、「那智瀧宝印」の字の上付近にそれぞれ五つ捺印されている。

(12) 事件の背景・経過、起請文交換の手続については、註(1)長谷川「越後の内乱と「揚北衆」の時代」を参照。

(13) 起請文の場合、書札礼の厚薄に関係なく、書止文言に「如件」形を使用することが基本であるが(丸島和洋『戦国大名の「外交」』〈講談社、二〇一三年〉等)、図12(表№15―1)・図13(表№15―2)の書止文言は、「仍起請文之旨、恐々謹言」であり、特異な形式である。この理由については、正案を得ない。

(14) 異なる種類の牛玉宝印を継紙の形式で使用する事例には、文禄四年七月二十日付常真等連署起請文がある。この起請文の場合、料紙として熊野山宝印(新宮)と神蔵牛玉宝印が使用されている(町田市立博物館編集・出版『牛玉宝印』所収、一九九一年)。

(15) 版木の異同を精査する際、共通の欠損部分に着目する点については、千々和到・太田直之「中・近世の牛玉宝印と起請文」(『神道と日本文化の国学的研究発信の拠点形成　研究報告書』所収、國學院大學21世紀COEプログラム研究センター、二〇〇三年)を参照。

(16) ただし、「揚北衆」の起請文には、一般的な楮紙に記された文字と比べて、観察上、墨の乗りが良く記されたものが多数見られる。そのため、別な紙質である可能性も含め、今後検討の余地がある。

（17）熊野本宮（表No.1・No.15-1）、多賀大社（表No.25・No.27・No.29）の牛玉宝印については、原本を詳細に観察すると、それぞれの版面の図様に一部違いが見られる。朱印については、表No.1はキリーク、表No.15-1は卍である。また、表No.25・No.27・No.29の朱印はキリークに見えるが、捺印された数は、表No.25・No.29は七、表No.27は五であり、さらに形状についても、それぞれ若干の違いが認められる。

表　牛玉宝印を使用した越後領主の起請文

No.	年月日	発給者	宛所	法量	牛玉宝印	烏点宝珠の数	印文字	宝珠	出典
1	永正一〇・八・一九	長尾為景	中条越前守殿	二八・三×三六・四	本宮一紙 朱印五				中条家文書 一八六一号
2	永正一〇・八・二三	安田実秀	中城越州参	二五・二×三四・三	那智一紙 朱印五	那(一五)智(一三・宝二)瀧(一三・宝七) 宝(一一・宝六)印(九)宝珠(一三)	大(陽)	線一	中条家文書 一八六二号
3	大永六・一・一二	新津景資	(長尾為景)	二六・五×三九・六	那智一紙 朱印五	那(一五)智(一三・宝　)瀧(一三・宝七) 宝(一一・宝六)印(八・宝二)宝珠(一二)	(文字無)	線三	上杉家文書 二三三号
4	大永六・一・一二	千田憲次 豊島資義	(長尾為景)	二五・八×三三・一	那智一紙 朱印五	那(一五)智(一三・宝二)瀧(一三・宝七) 宝(一一・宝六)印(九)宝珠(一三)	(文字無)	線三	上杉家文書 二三四号
5	大永六・一・一八	本庄房長 色部昌長	長尾信州江参	二五・四×三三・八	那智一紙 朱印五	那(一四)智(一三・宝二)瀧(一一・宝七) 宝(一一・宝六)印(八・宝二)宝珠(一二)	大一	線二	上杉家文書 二三五号
6	大永六・一・二三	黒河盛重	信州参	二四・五×三七・一	那智一紙 朱印五	那(一五)智(一三・宝二)瀧(一三・宝七) 宝(一一・宝六)印(八・宝二)宝珠(一二)	(文字無)	線三	上杉家文書 二三六号

7	大永六・九・五	中条藤資	長尾信州参	二六・〇×三四・七	那智一紙 朱印五	那(一五)智(一三・宝二)瀧(一三・宝七)宝(一一・宝六)印(八・宝二)宝珠(一二)	(文字無) 線三	上杉家文書二三七号
8	大永八・六・一三	山吉政久	大熊備前守殿	二六・一×四〇・二	八幡宮一紙 朱印七			上杉家文書二三八号
9	享禄三・一二・七	本庄房長	色部遠州江参	〔一紙目〕二五・七×三四・三 〔二紙目〕二五・五×三四・〇	那智二紙 牛玉同 朱印各五	那(一五)智(一三・宝二)瀧(一三・宝七)宝(一一・宝六)印(八・宝二)宝珠(一二)	(文字無) 線三	上杉家文書二三九号
10	(享禄四)八・一〇	山吉政久	(長尾為景)	二五・四×三三・三	那智一紙 朱印五	那(一五)智(一三・宝二)瀧(一三・宝七)宝(一一・宝六)印(八・宝二)宝珠(一二)	(文字無) 線三	上杉家文書二四〇号
11	享禄四・八・二〇	鮎川清長	色部遠江守殿参	二四・二×三一・八	那智一紙 朱印五ヵ	那(一四)智(一三・宝二)瀧(一〇・宝七)宝(一一・宝六)印(八・宝二)宝珠(一二)	(文字無) 線四	色部氏文書一〇七二号
12	享禄四・八・二〇	小河長基	色部遠州参	二三・六×三〇・〇	那智一紙 朱印五	那(一四)智(一三・宝二)瀧(一一・宝七)宝(一一・宝六)印(八・宝二)宝珠(一二)	本(陽) 線二	色部氏文書一〇七三号
13	享禄四・八・二〇	本庄房長	色部遠江守殿参	二四・八×三二・九	那智一紙 朱印五ヵ	那(一四ヵ)智(一二ヵ・宝一)瀧(一三・宝七)宝(一二・宝六)印(九ヵ)宝珠(一二)	(文字無) 線三ヵ(陽)	色部氏文書一〇七四号
14	天文一〇・七・二五	鮎川清長	色部弥三郎殿参	二五・五×三三・四	那智一紙 朱印五ヵ	那(一四)智(一三・宝二)瀧(一一・宝七)宝(一一・宝六)印(八)宝珠(一二)	本一(陽) 線三	色部氏文書一一〇六号
15-1	天文一〇・七・二七	鮎川家中一五名	色部中務少輔殿 他一四名	〔一紙目〕三一・八×三六・六	本宮一紙 朱印五			色部氏文書一〇八五号
15-2				〔二紙目〕二五・七×三三・五	那智一紙 朱印五ヵ	那(一四)智(一三・宝二)瀧(一一・宝七)宝(一一・宝六)印(八)宝珠(一二)	本一(陽) 線三	色部氏文書一〇八四号

16	天文一〇・八・五	小河長資	色部弥三郎殿参	二五・二×三三・六	那智一紙 朱印五	那(一四)智(一三・宝三)瀧(一一・宝七)宝(一一・宝六)印(八)宝珠(一三)	(文字有カ)	線二	色部氏文書一一〇五号
17	天文一一・四・五	上杉定実	長尾弥六郎殿	二五・一×三三・五	那智一紙 朱印五	那(一四)智(一三・宝二)瀧(一一・宝七)宝(一一・宝六)印(九)宝珠(一三)	(文字無)	線三	上杉家文書二四一号
18	天文一二・三・二〇	色部家中八名	(欠)	二八・五×三五・〇	那智一紙 朱印五	那(一五カ)智(一三・宝二)瀧(一二カ・宝七)宝(一一・宝六)印(八)宝珠(一〇)	王(陽)	線二	色部氏文書一〇八九号
19－1	天文二〇・一一・三	鮎川元張(血判無カ)	色部弥三郎殿参	〔一紙目〕三三・九×二九・七	那智一紙 朱印五	那(一五)智(一三・宝二)瀧(一四カ・宝不詳)宝(一一・宝六)印(八・宝二)宝珠(一三)	(文字無カ)	吉(陽)	色部氏文書一一〇七号
19－2				〔二紙目〕三三・九×一四・八 (前欠)	那智一紙 朱数不詳	那(一四)智(一一・宝一)瀧(不詳)宝(不詳)印(不詳)宝珠(不詳)	(文字無カ)	線二	
20	(天文二〇)一一・□□	本庄繁長(血判不詳)	(色部)弥三郎殿	三一・八×三三・五	那智一紙 朱印五カ	那(不詳)智(不詳・宝二)瀧(不詳)宝(不詳)印(不詳)宝珠(一三)	(不詳)	吉(陽)	米沢・色部氏文書一九八五号
21	天文二四・二・三	本庄宗緩 他二名	安田越州参	〔一紙目〕二四・〇×三〇・八 〔二紙目〕二四・〇×三一・八	那智二紙 牛玉同 朱印各五	那(一四)智(一三・宝)瀧(一一・宝七)宝(一一・宝六)印(八)宝珠(一三)	(文字無)	線二	毛利安田氏文書一五七一号
22	弘治四・閏六・一四	本庄繁長	色部弥三郎殿参	〔一紙目〕三三・四×三〇・二 〔二紙目〕三三・四×二九・五	那智二紙 牛玉同カ 朱印各五	那(一四)智(一三・宝二)瀧(一一・宝七)宝(一一・宝六)印(八)宝珠(一三)	日本第一	線三	色部氏文書一一一九号
23	永禄三・五・九	渡辺綱 他六名	本庄玖介殿・宇野左間允殿	〔一紙目〕二五・〇×三三・一 〔二紙目〕二五・〇×三三・二	那智二紙 牛玉同 朱印各五	那(一四)智(一三・宝二)瀧(一三・宝七)宝(一一・宝六)印(八・宝二)宝珠(一三)	(文字無)	線二	上杉家文書五六一号

24	永禄四・閏三・一六	上杉政虎	簗田中務太輔殿	二四・三×三二・八	六所宮 一紙 朱印五				簗田家文書 上二七一号
25	永禄一〇・五・一六	上杉輝虎	色部修理進殿	二六・四×四二・五	多賀大社 一紙 朱印七				色部氏文書 一〇六五号
26	永禄一一・一一・晦日	上杉輝虎	中条越前守殿	二八・六×四一・一	加茂山 一紙 朱印三				中条家文書 一八六三号
27	永禄一三・一・五	上杉輝虎	（欠）	二五・四×三五・二（後欠）	多賀大社 一紙 朱印五				上杉家文書 一〇一〇号
28	天正四・五・二	安田頼家 三好家慶	喜四郎殿	三三・四×三五・一	那智一紙 朱印五	那（一四）智（一三・宝二）瀧（一一・宝七）宝（一一・宝六）印（八・宝二）宝珠（一二）	日本大一（陽）	線二・吉	上杉家文書 一〇一九号
29	天正一〇・一一・八	上杉景勝（血判無）	白川左京大夫殿	二七・一×四二・〇	多賀大社 一紙 朱印七				早大白川文書 上二五九六号

凡例

1 No.19・No.20・No.29以外は、血判または血判跡とみられる痕跡を確認した。ただし、No.15・No.23の署名者のうち、血判を据えていない者も見られる。

2 「烏点宝珠の数」で、例えば智（一三・宝一）の場合、「智」の字が烏一三羽と宝珠一個で表されていることを示す。宝珠（一二）とは、「印」の下の宝珠が一二羽の烏に囲まれていることを示す。

3 「印文字」「宝珠」で、（陽）は陽刻を示す（無記入は陰刻）。

4 「宝珠」で、例えば線二・吉の場合、群鴉で囲まれた宝珠の中に半円形の線二本と「吉」の字が表されていることを示す。

5 中条家文書は裏打ち、色部氏文書と米沢・色部氏文書は巻装されている。

6 出典について、No.は『新潟県史』資料編三中世一、同書資料編四中世二の通し番号、上No.は『上越市史』別編一上杉氏文書集一、同書別編二上杉氏文書集二の通し番号。

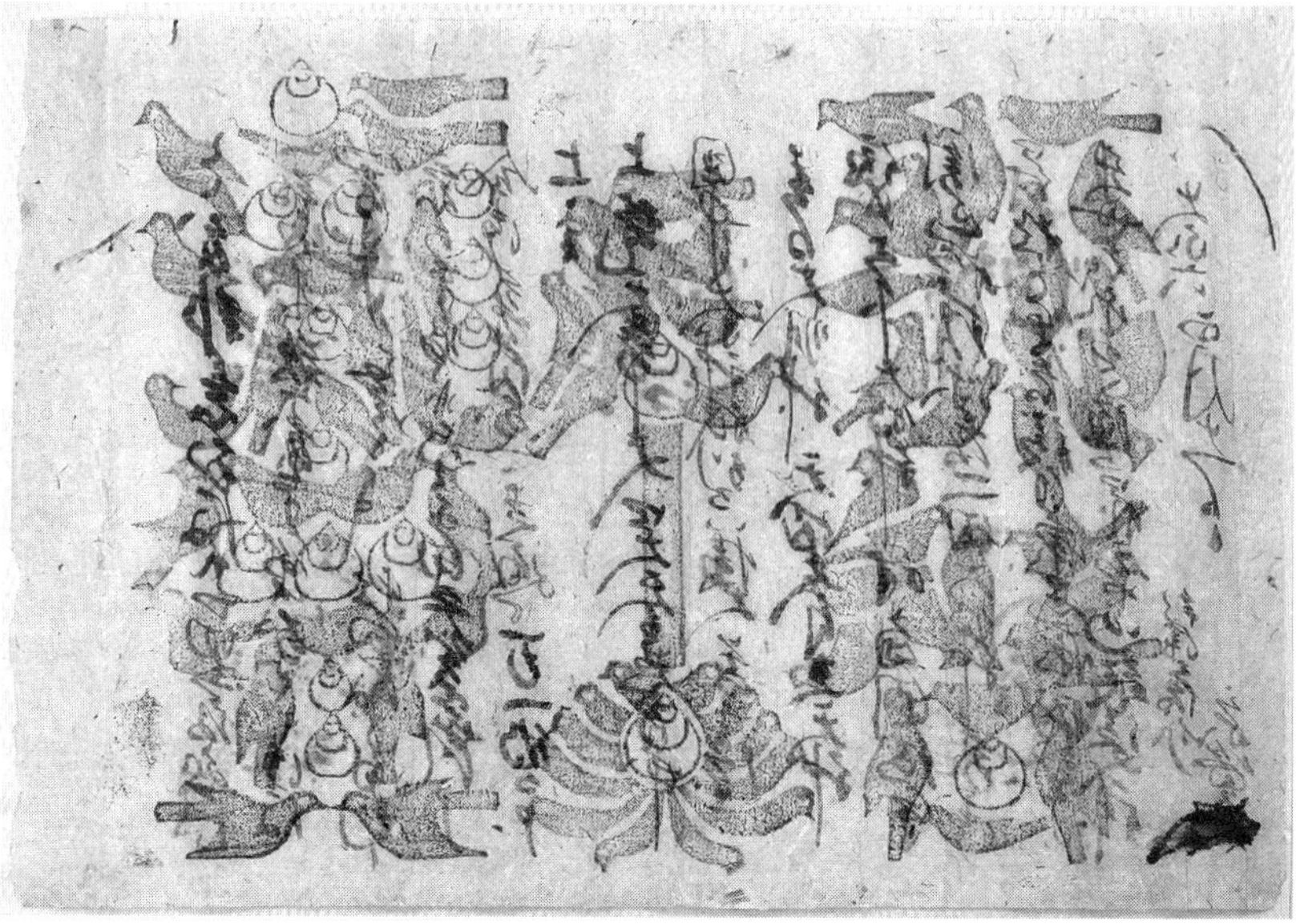

図1(表No.3)　大永6年1月11日　長尾為景宛新津景資起請文
(米沢市上杉博物館所蔵「上杉家文書」)

図2(表No.4)　大永6年1月11日　長尾為景宛千田憲次・豊島資義連署起請文
(米沢市上杉博物館所蔵「上杉家文書」)

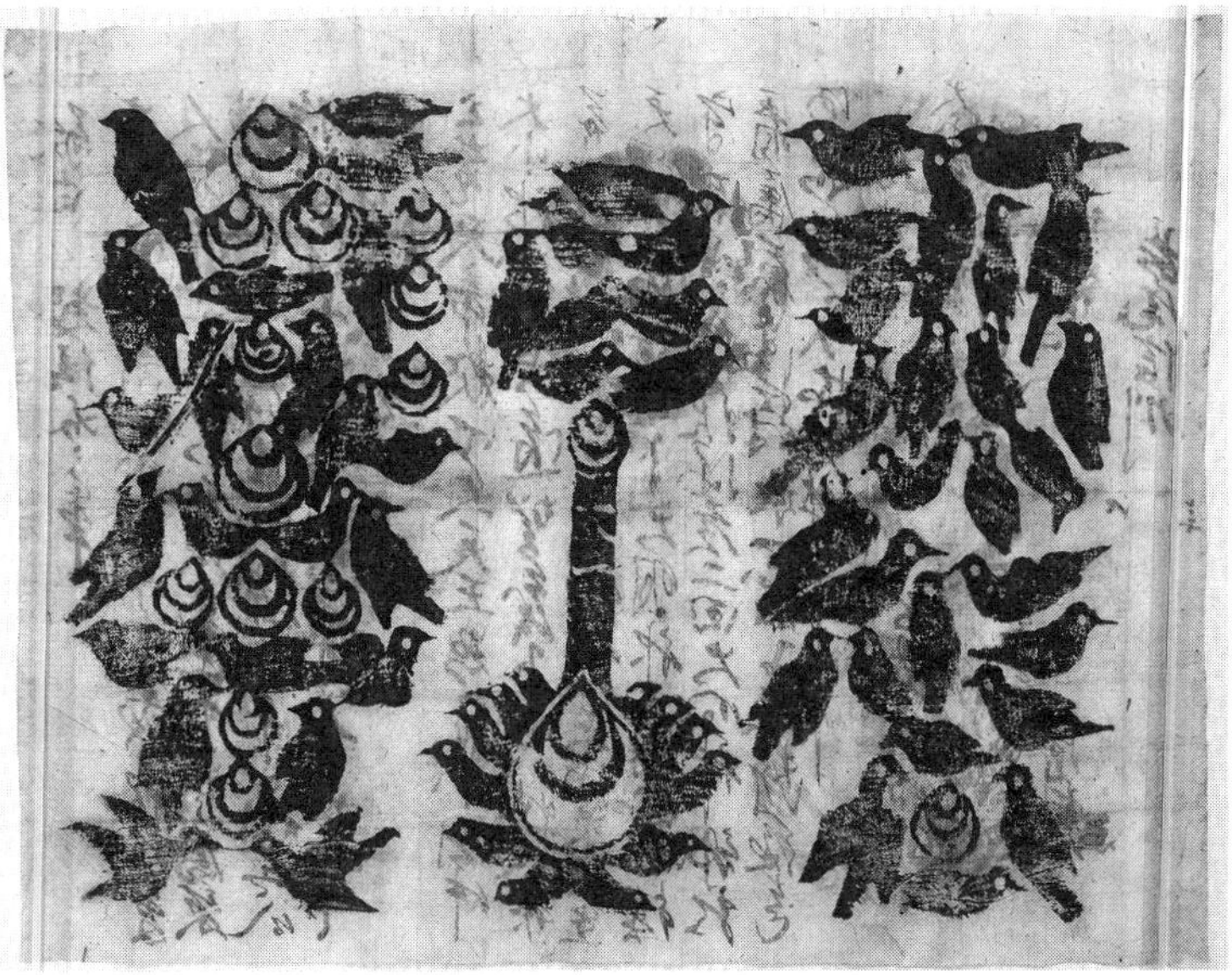

図3（表No.5）　大永6年1月18日　長尾為景宛本庄房長・色部昌長連署起請文
（米沢市上杉博物館所蔵「上杉家文書」）

図4（表No.6）大永6年1月23日　長尾為景宛黒河盛重起請文
（米沢市上杉博物館所蔵「上杉家文書」）

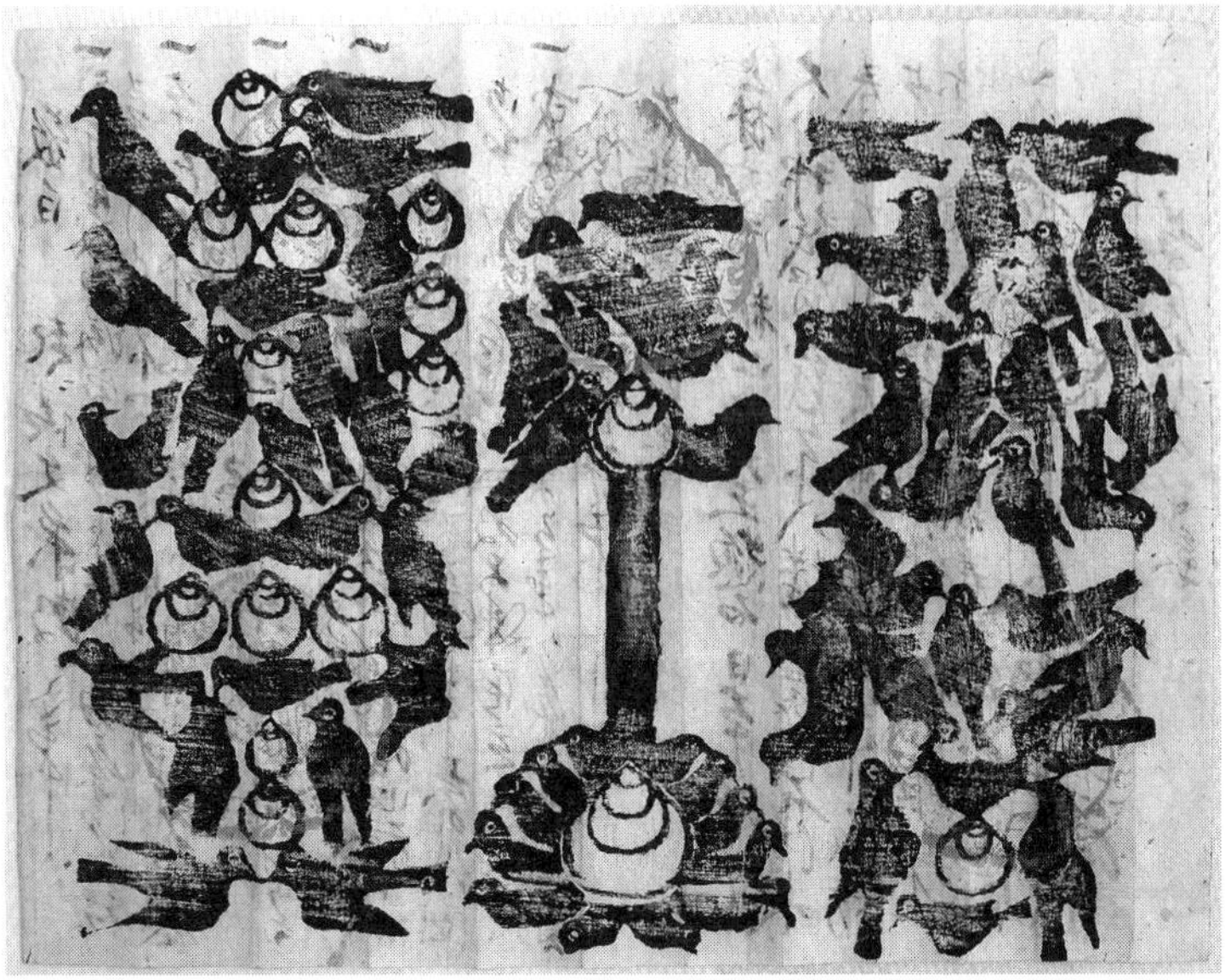

図5（表No.7）　大永6年9月5日　長尾為景宛中条藤資起請文
（米沢市上杉博物館所蔵「上杉家文書」）

図6－1（表No.9）享禄3年12月7日　色部憲長宛本庄房長起請文　1紙目
（米沢市上杉博物館所蔵「上杉家文書」）

図6－2（表No.9）　享禄3年12月7日　色部憲長宛本庄房長起請文　2紙目
（米沢市上杉博物館所蔵「上杉家文書」）

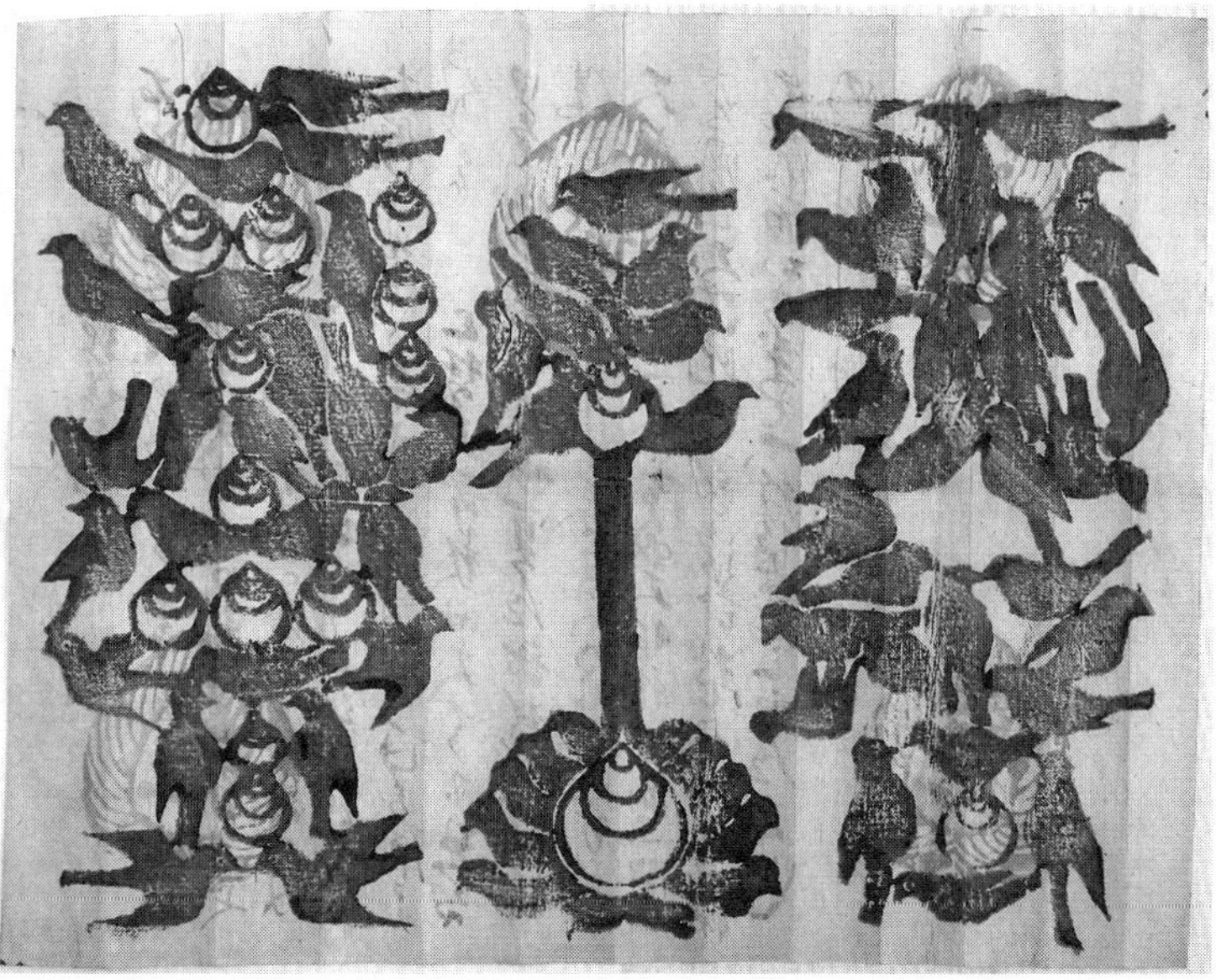

図7（表No.10）　（享禄4年）8月10日　長尾為景宛山吉政久起請文
（米沢市上杉博物館所蔵「上杉家文書」）

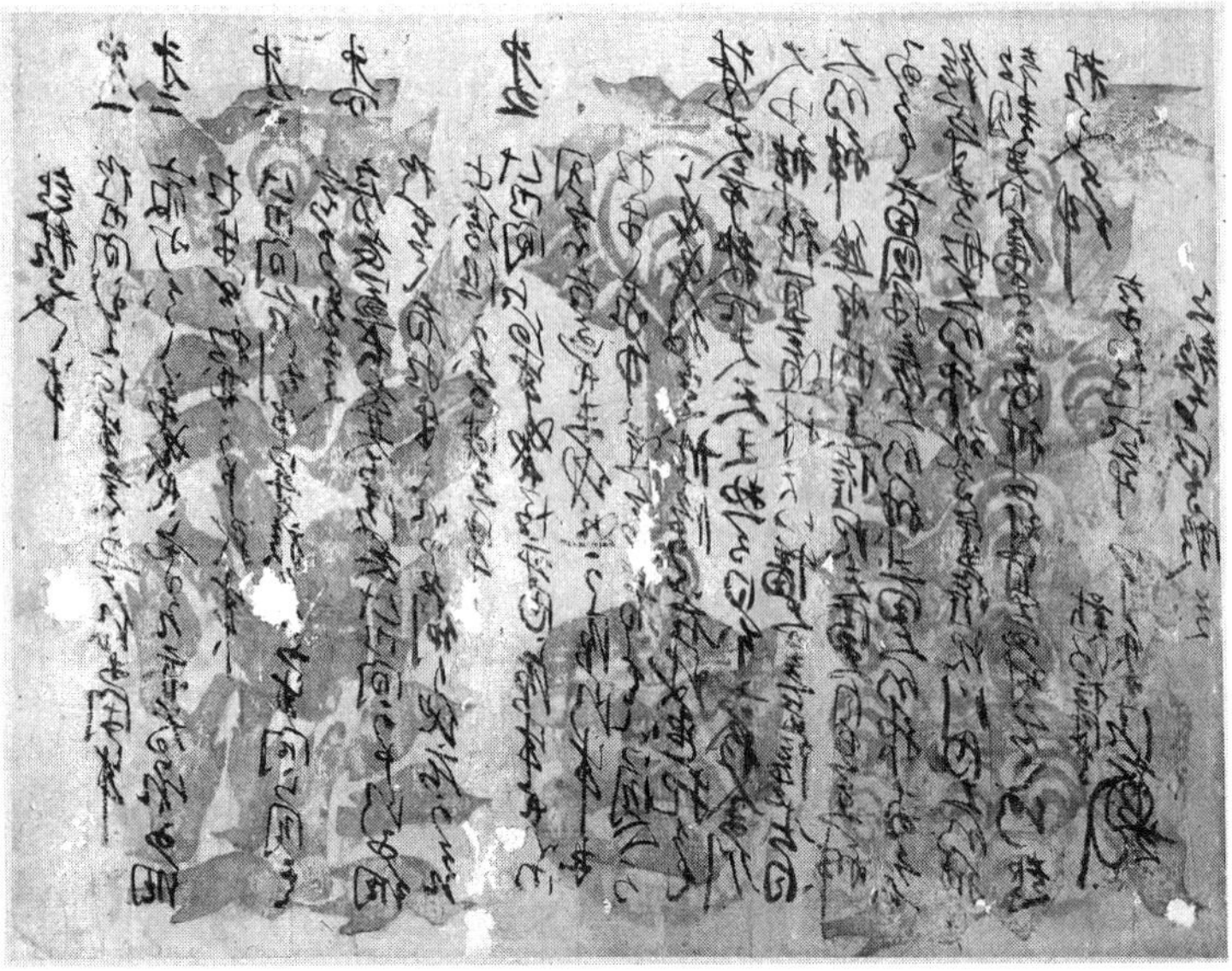

図8（表No.11）　享禄4年8月20日　色部憲長宛鮎川清長起請文
（新潟県立歴史博物館所蔵「色部氏文書」）

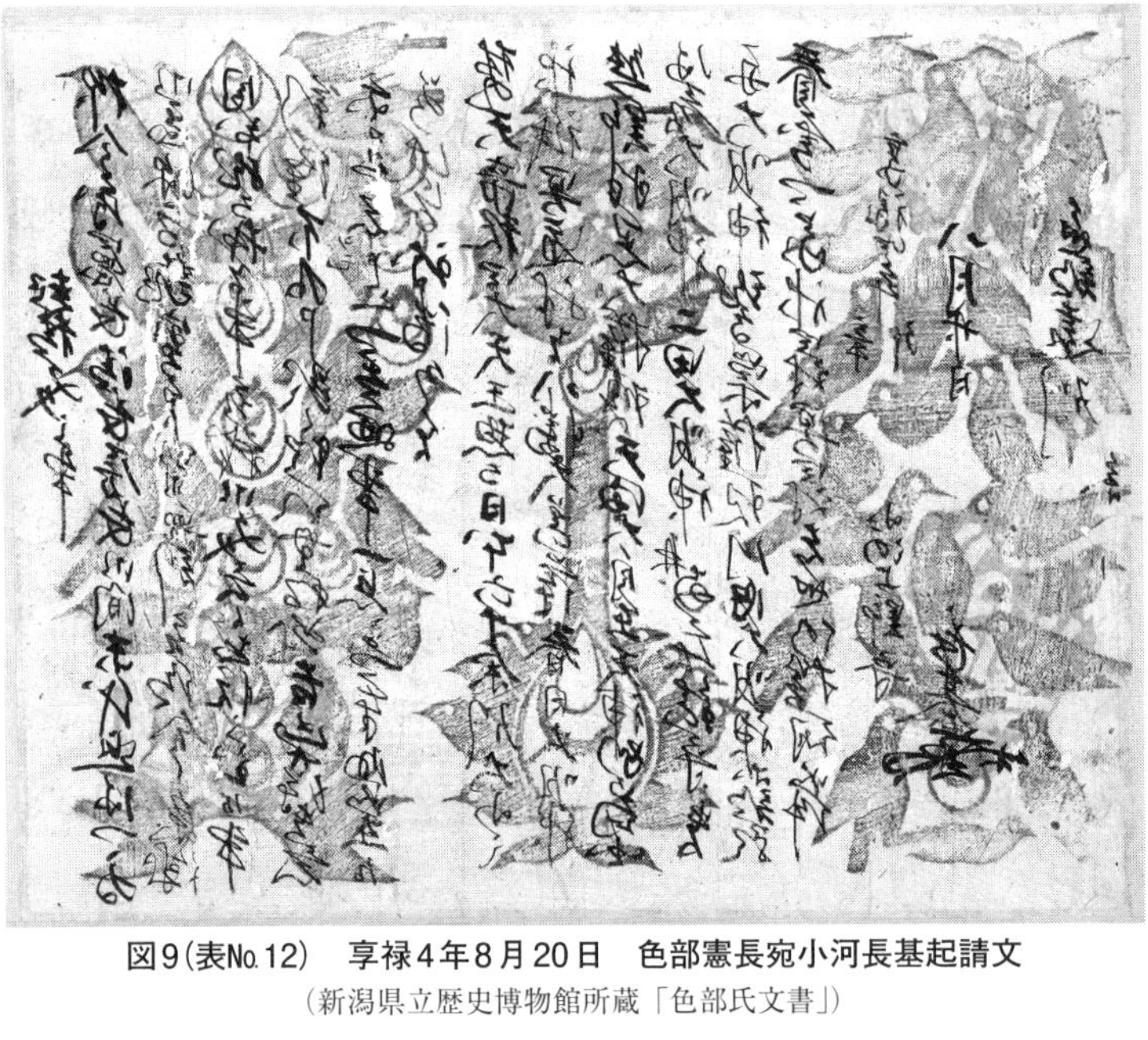

図9（表No.12）　享禄4年8月20日　色部憲長宛小河長基起請文
（新潟県立歴史博物館所蔵「色部氏文書」）

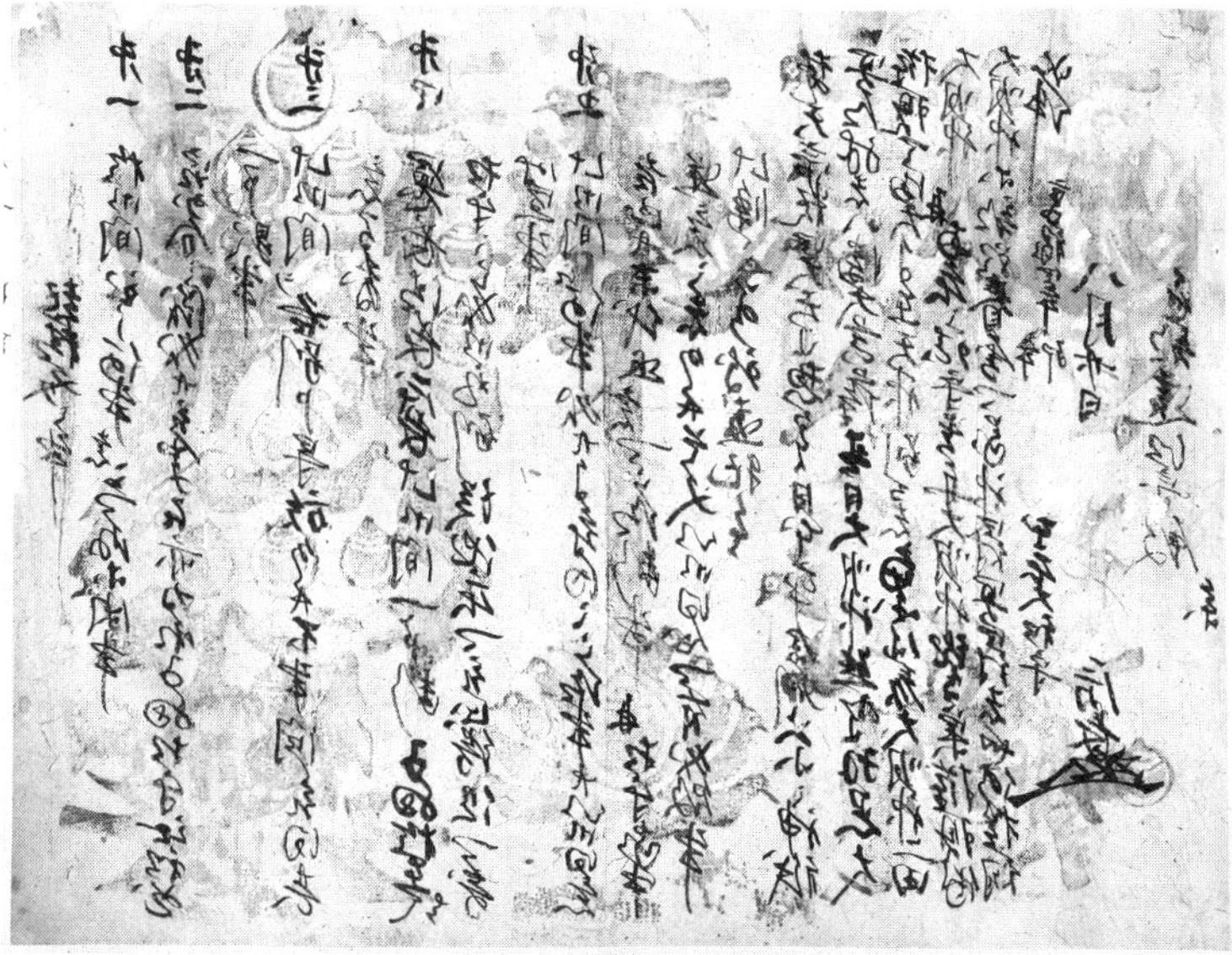

図10（表No.13）享禄4年8月20日　色部憲長宛本庄房長起請文
（新潟県立歴史博物館所蔵「色部氏文書」）

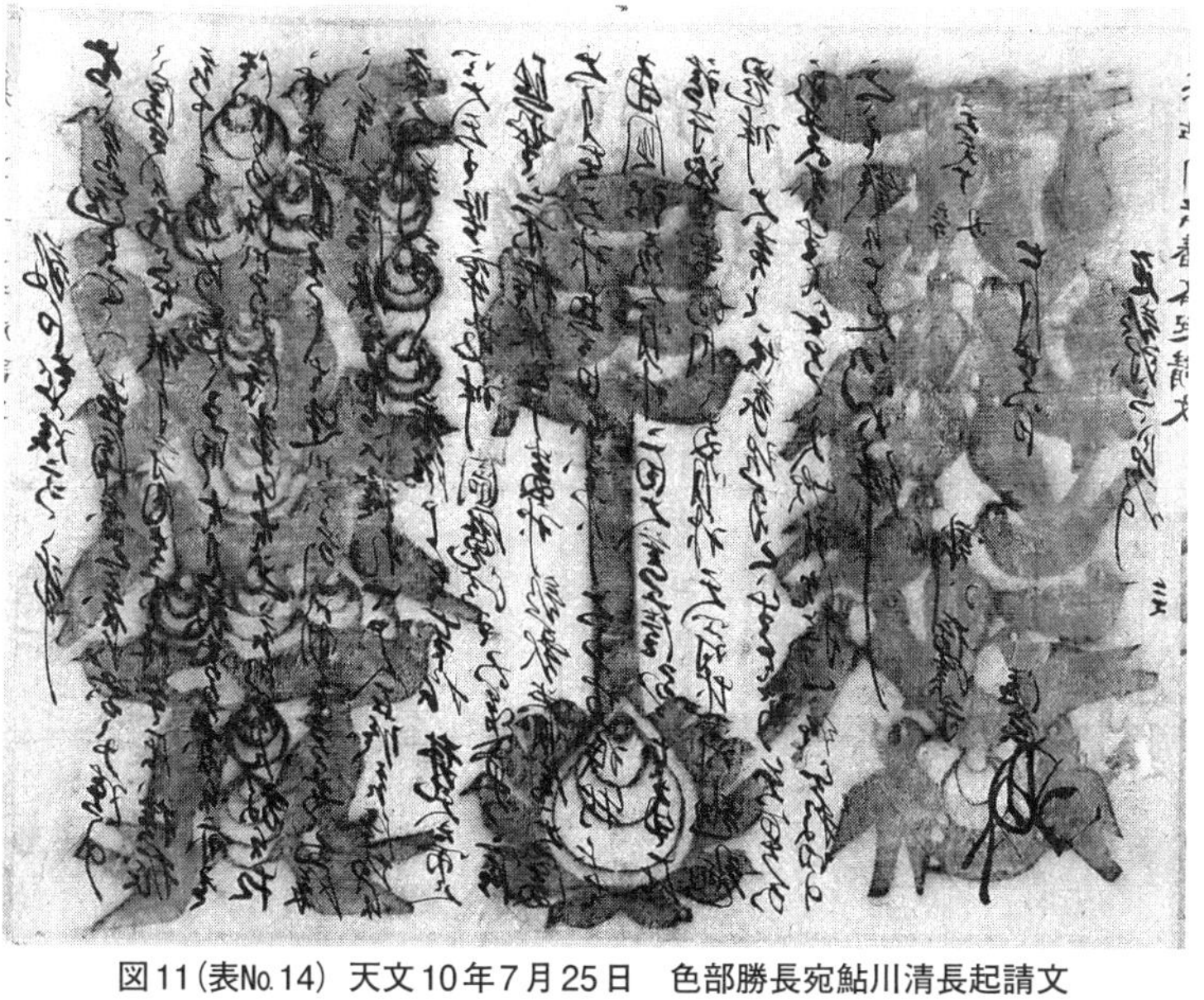

図11（表No.14）天文10年7月25日　色部勝長宛鮎川清長起請文
（新潟県立歴史博物館所蔵「色部氏文書」）

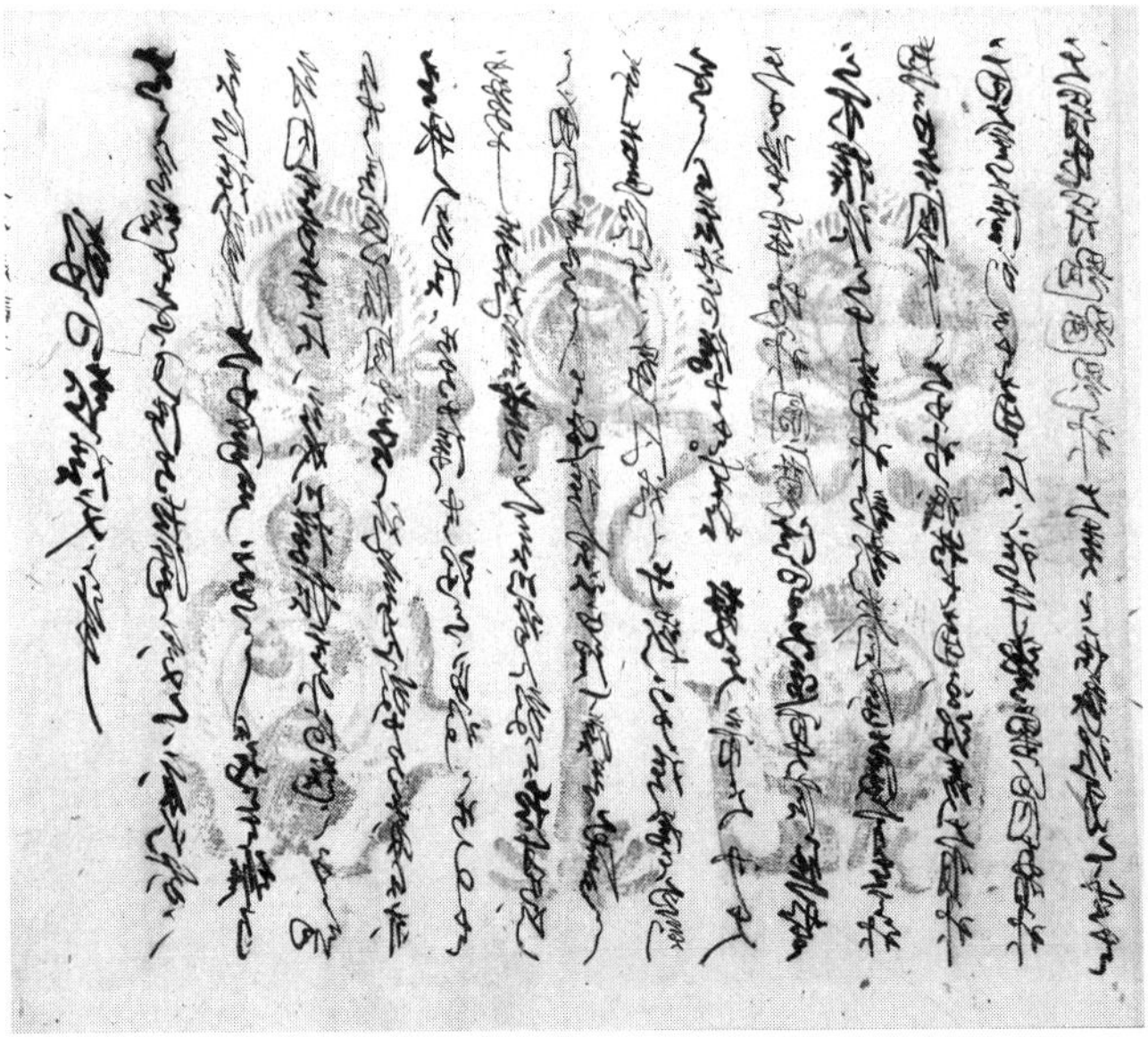

図12（表No.15－1） 天文10年7月27日　色部家中宛鮎川家中連署起請文　1紙目
（新潟県立歴史博物館所蔵「色部氏文書」）

図13（表No.15－2） 天文10年7月27日　色部家中宛鮎川家中連署起請文　2紙目
（新潟県立歴史博物館所蔵「色部氏文書」）

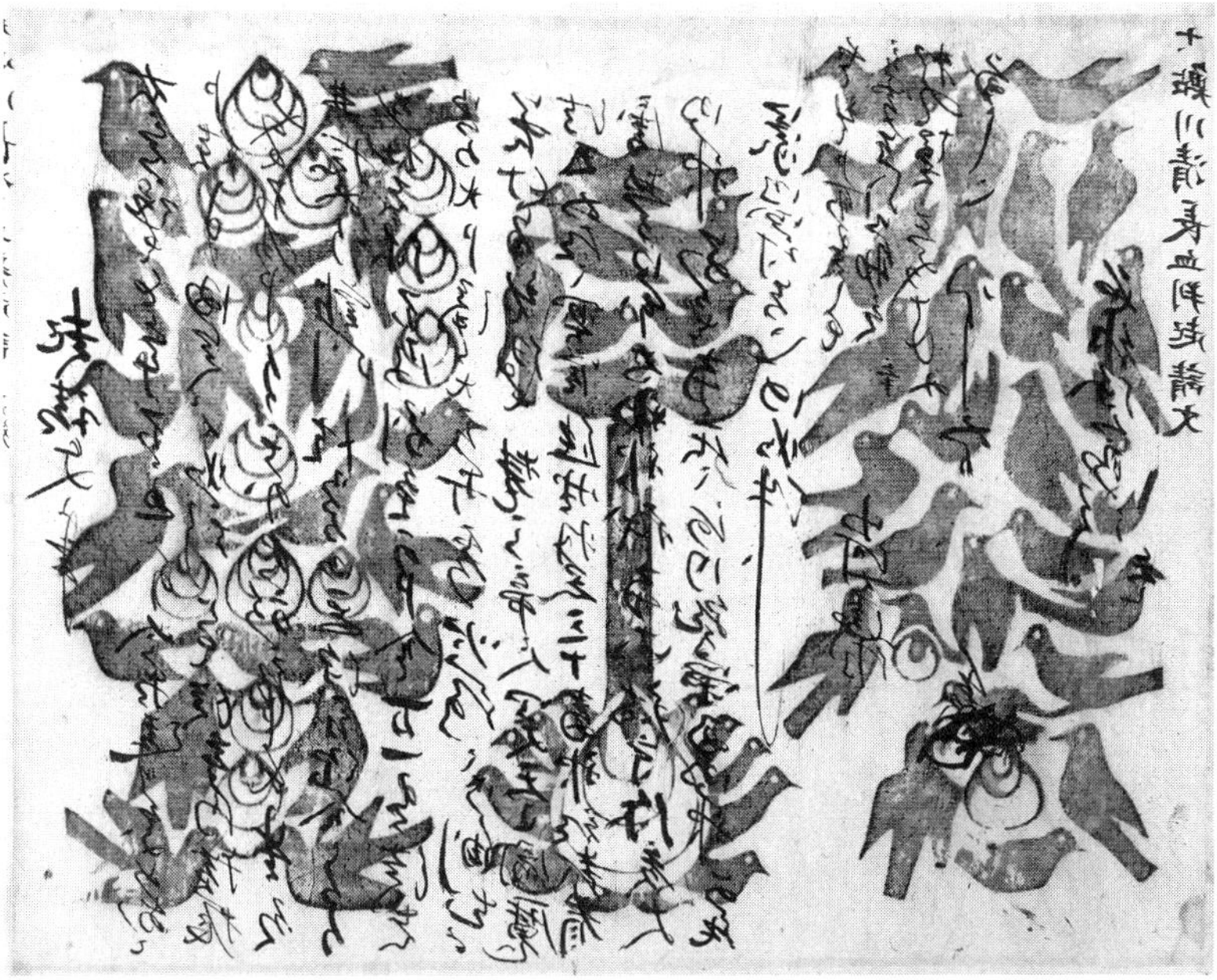

図14（表№16）天文10年8月5日　色部勝長宛小河長資起請文
（新潟県立歴史博物館所蔵「色部氏文書」）

第三章　笠間氏の服属過程

―起請文の交換に着目して―

はじめに

本章では、下野宇都宮一族である笠間氏を事例として、宇都宮氏・佐竹氏への服属過程について検討する。

笠間氏は、十五世紀後半頃、他の宇都宮一族とともに本家の宇都宮氏に臣従し(1)、永禄初期頃には宇都宮氏家臣団の中で「親類」(2)に位置付けられていた領主である。しかし、その後もしばしば宇都宮氏から離反を繰り返し、天正後期には宇都宮氏・佐竹氏と起請文を交換して両属するに至る。

ここでは特に、東国の地域権力や笠間家中の動向等にも留意しながら、戦国後期笠間氏の動向・存在形態(3)についても、可能な限り言及していきたい。

一　起請文交換前の状況

はじめに本節では、笠間氏が宇都宮氏・佐竹氏と起請文を交換した背景を考察するため、天正十年代前半における笠間氏の動向を当該期北関東の政治情勢を踏まえ、検討することとする。

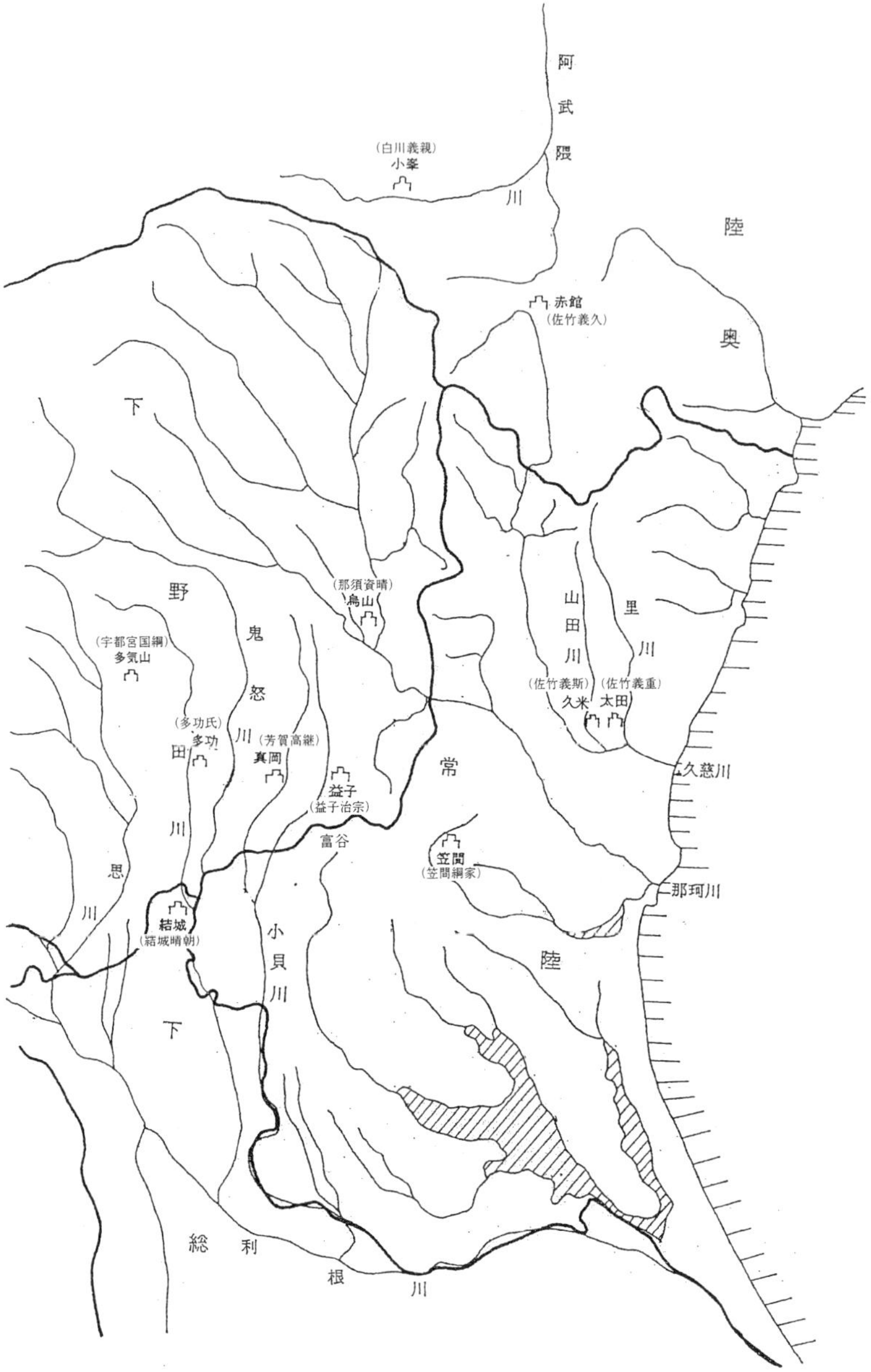

笠間氏関係要図(天正14年頃)

市村高男「戦国期常陸佐竹氏の領域支配とその特質」(同『戦国期東国の都市と権力』第1編第2章、思文閣出版、1994年)掲載の図に加筆・修正この時期の宇都宮氏当主は国綱で、佐竹・結城氏等との軍事同盟を梃子として、北関東地域への侵攻を続ける後北条氏との抗争を激化させていた。[4] 以下の二点の文書には、当該期における宇都宮家中内部の一端が示されている。

〔史料1〕[5]

（前略）同十二年三月ヨリ、益子殿平地ニ越シ二波瀾《ラン》ヲ一、益子・両親（笠間）之間、俄ニ起二弓矢ヲ一、日々夜々懸合、悉ク益子入《ニウ》部《ブ》ニテ中郡富谷之地、結城晴朝江渡シ被レ申候得共、結城ノ御助にて、如レ形《カタ》ノ益子相続申候、是《コレ》モ逆義故、益子殿御入部之由シ申候、笠間殿ハ対意御申無二御沙汰一候也、　（傍線著者）

〔史料2〕[6]

如来簡近日者節々申承本望候、依笠間・益子間種々雖令助言候、于今無落居候、如何様一両日中企使者、笠間孫三郎（綱家）方へ可及異見候、其砌以使者同篇之御理可然候、委細者彼口上ニ可有之候間、不能具ニ候、恐惶謹言、

（追而書省略）

五月廿九日　晴朝（結城）　判

宇都宮殿（国綱）

史料1は「今宮祭祀録」の一節で、天正十二年（一五八四）頃の笠間氏の動向を推測できるものである。ここには、天正十二年三月から益子氏と笠間氏が所領紛争を繰り返し、結果的に益子氏が「富谷」（茨城県桜川市富谷）に結城晴朝の援助で入部するに至ったことが記されている。結城氏は、従来から「富谷」の支配に強い影響力を保持しており、[7] 益子領と笠間領の境目に位置した「富谷」を巡る紛争に、結城氏が益子方として介入したことがうかがえる。特に注目すべきなのは、後半傍線部の文言である。やや文意が理解しづらいが、笠間氏が結城氏に対して益子氏の「富谷」入部に異を唱え訴えたものの、その訴えは退けられたことを意味していると思われる。

史料2は史料1との関連で、紛争初期の天正十二年と推定される文書である。笠間氏と益子氏の紛争に際し、結城氏が仲裁のため笠間綱家へ使者を派遣したこと、結城氏が宇都宮氏へ仲裁の使者を派遣するよう促していることがわかる。後半の文言から推測すると、この時点で主家の宇都宮氏は、両者の紛争解決にあまり積極的でなかったことが推測される。

では、結城氏による仲裁の後、笠間氏はどのような動向を示したのか。そしてこの紛争は、どのような影響を北関東領主層にもたらしたのか。次の三点の文書を検討したい。

〔史料3〕(8)

御無事付而度々孫三郎(笠間綱家)方へ雖申届候、有兎角不事済候、余無際限候条、至当地真岡半途候、毎篇如申越、被抛万事様孫三郎方へ諷諫可為歓悦候、恐々謹言、

二月廿四日　国綱(宇都宮)＊(朱字の意、以下同じ)「花押同前」

寺崎出羽守殿

〔史料4〕(9)

急度申届候、兼而如申合、笠間為取扱、左衛門督(佐竹義斯)・中務太輔(佐竹義久)半途ニ為成在陣候、併各油断之体其聞候条、義重(佐竹)令出馬、諸篇可申合候、兼而被仰合処此時之条、国綱(宇都宮)有御出馬毎事可被相談事尤候、巨細可有口上候、恐々謹言、

五月廿二日　義重(佐竹)(花押)

多功孫次郎殿

〔史料5〕(10)

貴札拝見、仍而笠間不計仕合を以、彼家中之者共退散不及是非候、雖然漸被取静候由、其上対田気(宇都宮氏)被申忠無塞逼(逼塞)

之由、御簡用之至候、当境目之様子祖母井左京助委細可被申上候、然者御樽肴被下候、過分至極ニ候、此旨可預御披露候、恐々謹言、

拾一月八日　　睡虎斎（益子治宗）宗竹（花押影）

君嶋備中守殿

史料3・4は、史料1・2以後に出されたもので、天正十三年または天正十四年頃の文書と思われる。史料3は、国綱が笠間氏宿老の寺崎氏へ宛てた書状である。国綱自身が、和平のための使者を笠間綱家へ送ったがうまくいかず、軍事的な圧力をかけるため真岡へ進軍したこと、寺崎氏が国綱の要請で綱家を諷諫していることがわかる。この頃出された別の寺崎氏宛文書でも[11]、国綱が笠間綱家へたびたび使者を派遣したことや、寺崎氏へ馳走・忠信を依頼していることがうかがえる。この頃宇都宮氏は、寺崎氏を窓口として笠間氏の懐柔に努めていたのである。

一方で史料4は、国綱と当時同盟を結んでいた佐竹義重が、宇都宮一族の多功氏へ宛てた書状である。笠間氏に軍事的圧力をかけるため、佐竹一族の佐竹義斯（北家）・佐竹義久（東家）を出陣させたこと、義重自身も出馬する予定であることを述べるとともに、国綱自身の出馬を促すよう多功氏へ依頼している。笠間氏と益子氏の紛争は、佐竹氏にまで影響が及び、佐竹氏権力の中枢を担う東家・北家と佐竹氏当主自らが出陣するという、緊迫した事態を招いたのである。こうした佐竹氏と宇都宮氏の積極的な行動の背景には、笠間氏と益子氏の紛争が、宇都宮・佐竹氏等の反後北条氏連合を揺るがしかねない要素を孕んでいたことが考えられる[12]。

最後に、笠間氏と益子氏の紛争を示す、史料5を検討する。この史料は、天正十四年頃に宗竹（益子治宗）[13]が宇都宮氏直臣の君嶋氏へ宛てた書状である。天正十四年三月二十八日には、益子氏家臣と思われる賀藤大隅守が佐八七神主

へ「仍向笠間之弓矢至如存者、御供田壱貫仁百文之処御進納可申候」(14)と述べており、また天正十四年極月二日には、宗竹が家臣である瓦氏の軍功を賞し、官途を与えている(15)。史料5によると、益子氏との合戦で笠間家中が退散したため、益子領と笠間領の境目が平穏になったこと、笠間氏が多気山城の宇都宮氏に忠節を尽くすと述べていることが読み取れる。この時期の宇都宮氏は、史料3・4の政治的推移やこの書状から考えると、益子氏を軍事的に支援していた可能性が高い。天正十二年頃から続いていた笠間氏と益子氏の紛争は、笠間氏が主家宇都宮氏へ臣従の意を示すことで、一旦収束したのである。

以上、笠間氏が起請文を提出する前の状況、天正十年代前半頃の動向を検討した。ここでは笠間氏が、結城晴朝から益子氏との紛争を仲裁され、宇都宮国綱から寺崎氏を通じて諷諫されたものの、それに従わなかったこと、後北条氏の外圧を背景として佐竹氏・宇都宮氏が軍事的圧力を強めた結果、主家宇都宮氏に屈伏したことを確認した。

二　宇都宮氏・佐竹氏への服属過程

次に本節では、笠間氏が宇都宮氏・佐竹氏と起請文を交換して両者へ服属する過程について、寺崎氏等の笠間家中の動向に留意しながら、具体的に復元する。

はじめに、笠間氏の宇都宮氏への服属の様相を次の四点の文書を中心に検討する。

〔史料6〕(16)

急度啓候、近年路川大和守不儀之刷連続付而被及追放、於自今以後者孫三郎(笠間綱家)方無二可有忠信旨、能仁寺御才覚之通、尤以本望候、如斯至于被悔還先非者、於国綱(宇都宮)毛頭不可有別心候、委細者可有彼口上候、恐々謹言、霜月九日(天正十四年)　国綱(宇都宮)*「花押同前」

寺崎出羽守殿

〔史料7〕(17)

急度申越候、仍孫三郎(笠間綱家)方弥可被励忠節由、以代官使者一両日已前被申越候、連々各諷諫之所令露顕候、殊一両輩相談、自今已後無二可有馳走旨、対先使両人連判之誓書明鏡候、尤於国綱(宇都宮)毛頭不可有別心候、委細祖母井左京亮可有口上候、恐々謹言、

十一月廿日(天正十四年)　国綱(宇都宮)*「花押同前」

寺崎出羽守殿

〔史料8〕(18)

敬白　起請文

一屋形様(宇都宮国綱)へ如前々無二御忠信可有之由、以御誓書被御申上候条、拙者ニも御同前ニ承候、本望候事、

一右之御首尾至于無御相違者、縦世上如何様ニ変化候共、於自分も不可存無沙汰候事、

一万一佞人之所行も候者、可申顕候、又可承候事、

以上、

右之条々若於偽者、

(神文等略)

各可蒙御罰状如件、

天正拾五年乙亥

芳賀
卯月七日　　　高継（花押影）「血判」＊
笠間（綱家）殿
御報

＊「右牛王ノ裡ニ」

〔史料9〕(19)

今般孫三郎（笠間綱家）近年之兎角打捨、無二ニ可有忠信由、以誓書承候、本望候、各々自分へも右之筋目可令諷諫段、以神血被露謂候、祝著候、従爰元も孫三郎江及誓約候、可心安候、謹言、

（天正十五年）四月八日　　　　（宇都宮）国綱＊「花押同前」

寺崎出羽守殿

（傍線著者）

これらの史料は、内容の関連性等から史料6・7は天正十四年、史料9は天正十五年に比定することができる。

史料6前半では、笠間綱家が「不儀」を繰り返していた家臣「路川大和守」を追放し、以後宇都宮国綱へ無二に忠信を尽くすという「能仁寺」の裁定を国綱は歓迎する旨が記されている。後半の（綱家が）「如斯至于被悔還先非者」という文意を踏まえると、笠間綱家が路川大和守とともに反宇都宮氏的な行動を取っていた可能性が高い。この史料等から笠間家中は、宇都宮氏寄りの寺崎氏派とそれに対抗する路川氏派に分かれ、内訌を繰り広げていたことが推測される。(20)

この史料では特に、宇都宮氏が笠間氏との関係を修復するため、「能仁寺」に裁定を仰いでいる点が注目される。笠間氏が宇都宮氏から赦免される際、家中・俗世間から一定の距離を置く地域の寺院が、両者を仲裁する和平の窓口になっていたことが指摘できる。なお「能仁寺」は、天正十年十月に笠間綱家が寺崎中務大輔へ「根本之代官」を依頼

していること等から、真岡市根本の能仁寺にあたることが可能性として考えられる。[21]

続いて、史料6から約十日後に出された史料7を検討する。この史料から、以下の重要な点が読み取れる。

①笠間綱家が、宇都宮氏に忠節を励むことを一、二日前に使者を通じて申し出たこと。

②「一両輩」が国綱へ二心無く馳走に励むことは、「先使」(国綱の使者)の眼前で両人が連判した起請文を見ても明らかであること。[22]

ここで、②の「一両輩」を仮に笠間父子と比定すると、史料7全体の意味がわかりにくくなるだけでなく、後述する史料8・9との関連性が不明確となる。そのためここでは、「一両輩」を笠間家中の有力者と考えておきたい。笠間氏当主の起請文提出以前に、笠間家中の一部も宇都宮氏当主へ起請文を提出させられていたのである。

この後、天正十五年二月十一日には、国綱の家臣である松音軒(菊池氏)が使者として笠間綱家のもとへ派遣され、「各々申越条々、(笠間)孫三郎方毎事得心之所祝著候」[23]と国綱は喜んでいる。起請文の交換に際しては、事前に双方からの案文の提示・作成、条件交渉が行われていたことを勘案すると、「条々」は、国綱から届けられた起請文案と思われ、条件交渉の結果、宇都宮氏・笠間氏双方が合意に達したことをこの史料は示している。[24]

次に、起請文提出の最終段階を示す史料8・9を検討する。史料8の一条目には、笠間綱家が二心無い忠信を誓う起請文を国綱だけでなく芳賀高継へも提出したことが記されている。さらに二条目には、笠間氏が一条目の内容に相違無いなら芳賀氏も無沙汰にしないこと、三条目には、讒言があった場合は芳賀氏が笠間氏の訴えを承ることが記されている。これらの内容から芳賀氏が、宇都宮氏権力を背景に笠間氏の進退保証に努め、笠間氏を宇都宮氏当主へ取次ぐ役目を担っていたことが指摘できる。

そして、史料8とほぼ同時に出された史料9では、笠間綱家からの起請文提出を受け、国綱からも綱家へ起請文を送ることを寺崎氏へ報じている。傍線部から笠間家中も、当主の綱家を諷諌することを誓う血判起請文をこれ以前に国綱へ提出していたことがわかる。このようにして笠間氏は、寺崎氏の働き等により主家の宇都宮氏から赦免され、宇都宮氏への服属を認められたのである。

では笠間氏は、宇都宮氏と当時同盟を結んでいた佐竹氏に対してはどのような服属の様相を見せたのか。関連史料は僅かだが、次の二点の史料を検討する。

〔史料10〕(25)

今般以代官使者申達候処、雖不始儀候、被入御念之由、過当之至存候、就中以御書付被仰越候、本望之至令存候、再度如申述候、奉対御当方毛頭不存疎儀条、如何様近日可申達候、将又西表之御調儀者御長陣付而、先以被相窕之由、無御余儀令存候、奥口之儀追日如思召之由、御肝要令存候、余事重而可申達候間、令略候、恐々謹言、

(天正十六年)壬五月五日　笠間綱家(花押影)

(佐竹義斯)北殿
　御宿所

〔史料11〕(26)

起請文之事

一今度如誓書筋目、(宇都宮氏)田気当方へ無二於被抽忠信者、(佐竹)於義重も手抜無表裏可申合事、

一佞人之取成も候ハヽ、重々可及糺明事、若此義偽候者、

(神文等略)

則可蒙御罰者也、仍如件、

天正十六年
閏五月十三日　　　　義重(佐竹)(花押影)「血判」*
笠間孫三郎(綱家)殿

史料10は、笠間綱家が佐竹義斯(北家)へ宛てたもので、史料11との内容の関連性等から、天正十六年に比定できる文書である。史料前半部では、笠間氏が義斯と通交し、「御書付」がもたらされたことを喜んでいる。この「御書付」は、前後の文章から推測すると、佐竹方から笠間氏に対する起請文提出許可、または交渉の結果もたらされた起請文案と思われる。笠間氏もそれを受けて、佐竹方に対し少しも「疎儀」がない旨を近日中に申し上げると述べている。おそらく、起請文を佐竹氏に提出するという意味であろう。佐竹北家は、下野東部地域の領主層への「指南」を重要な任務としており[27]、笠間氏は義斯の取次により佐竹氏権力への服属を許されたのである。

そして、史料10から約一週間後、佐竹義重から笠間綱家にもたらされたのが史料11の起請文である。一条目には、笠間氏が佐竹氏へ提出した起請文通り宇都宮氏・佐竹氏へ二心無く忠信すれば、義重も表裏無く申し合せること、二条目には、讒言があった場合は糾明することが記されており、佐竹氏優位の盟約関係が結ばれたことがわかる。笠間氏は、宇都宮氏への忠信も服属の条件に付けられたことによって、宇都宮氏との統制・従属関係が再確認され、宇都宮氏・佐竹氏両権力への軍事的忠節を求められたのである。

ここで、笠間氏の宇都宮氏への服属過程をまとめると、①笠間氏に対する能仁寺の裁定、②笠間家中が宇都宮国綱へ起請文を提出[28]、③宇都宮・笠間氏間の条件交渉と起請文案文の提示・作成、④笠間綱家が芳賀高継・宇都宮国綱とそれぞれ起請文を交換、と推移していることがわかる。こうした服属の様相と笠間氏の佐竹氏への服属過程を比較すると、③は確認でき、④についても佐竹義斯が芳賀高継同様交渉の窓口となっており、笠間綱家との起請文交換が可能性として十分考えられる。さらに起請文の内容は、笠間氏の二心無い忠信や讒言があった場合の糾明等が中心で、宇都宮氏・佐竹氏優位の盟約である。このように、笠間氏の宇都宮氏・佐竹氏への服属の様相は、被服属者側で宿老クラスの領主が取次として服属者の進退を保証する等、共通した側面が見られることが指摘できる。

三　起請文交換後の動向・存在形態

最後に、宇都宮氏・佐竹氏と起請文を交換した後の笠間氏の動向及び存在形態について、検討する。

笠間綱家の場合、独自に寺崎氏等の家臣に対して官途状の発給や一字付与及び所領宛行を行っていることが、史料上確認できる(29)。特に官途状の発給については、笠間氏没落後の天正十九年一月まで確認できる(30)。

次の史料は、笠間氏の笠間領統治の一端を示している。

〔史料12(31)〕

返々婦士山を其身恩賞無其隠候間、彼地形差置候、

棱厳寺御寺領、其身恩賞境目之事、殊宝節正親相論能々聞届候条、為後日之一筆遣候、其身付置候、可心得候、以上、

天正十六年戊子

霜月十九日　綱家（笠間）（花押影）

福田太郎次郎殿

楞厳寺（笠間氏の菩提寺）領と福田氏恩賞地の境目に位置する「婦士山」を巡り、福田氏と「宝節正親」の相論が起こ

っていたが、結果的に福田氏に差し置くという裁定を笠間氏が下したことが読み取れる。前述した家臣への所領宛行等も合わせて考えると、笠間氏は笠間領支配に一定の権限を有していたことが指摘できる。なお、笠間氏当主と笠間家中との関係は、永正後半～大永初め頃に笠間氏当主の綱広が福田一族から「余儀あるまじき」旨の起請文を提出されている(32)ことを踏まえると、この時期の両者の関係も起請文を媒介とした盟約関係であったことが推測される。

続いて、当該期笠間氏の動向を次の二点の文書を中心に検討する。

〔史料13〕(33)

此度有境目度々辛労、就中近日之仕合相勤候、就夫官途成之状如件、

天正十六年戊子

卯月九日　忠宗（益子）（花押影）

瓦式部（ママ）輔殿

〔史料14〕(34)

此度政宗（伊達）其表へ御出張ニ付、兼而被仰談、旁々へ御注進、彼御使僧越御申、尤路次相調透申候、具御口門ニ可有是候、無御心元儘小彦（小野崎昭通）へ申合、以使者申述候、定可為参着由奉存候、帰路之時分具之御一札可為本望候、一両日之間如申来者、岩瀬之地落居由実事承度候、雖無申迄候、此度其表如思召御落居専之由奉存候、此筋太御国中一向不調候、聞召猶可御心安候、余事重而恐々謹言、

拾月廿九日　笠間孫三郎
綱家（花押）

白河江
貴報

（傍線著者）

『栃木県史』史料編中世二は、史料13の発給者を「壬生忠宗」と比定しているが、前述した天正十四年極月に宗竹が家臣瓦氏の軍功を賞し官途を与えていること等から推測すると、この史料の発給者は、益子忠宗（宗竹嫡子）に比定すべきである。[35]史料中の「境目」は、益子領と笠間領の境界付近を指す可能性が高く、この史料は、瓦氏が当主の忠宗から笠間氏との紛争における軍忠を賞され、官途を与えられたものとみられる。笠間氏は、宇都宮氏と起請文交換後も、依然として益子氏との所領紛争を続けていたことが推測される。

次に、史料14を検討したい。この史料は、史料後半の「岩瀬之地（福島県須賀川市付近）落居」という文言から、伊達政宗が岩瀬二階堂氏（当時は佐竹方）の須賀川城を陥落させた、天正十七年頃の文書と思われる。従来白川氏は、佐竹氏の南郷（福島県東白河郡一帯）侵攻過程で佐竹義重次男義広が白川名跡を相続する等、佐竹氏の影響を強く受ける存在であった。しかし、天正十七年七月には、佐竹氏から奪われた南郷等本領の奪回を援助するという条件で、伊達政宗と同盟関係を結んでいたのである。[36]

史料の傍線部に注目すると、政宗が「其表」（南郷方面ヵ）へ遠征し、南奥周辺の領主層へ使僧を通して「注進」したことが記されている。笠間綱家はそれを受け、「小彦」（小野崎彦三郎昭通）[37]と申し合わせて政宗へ情勢を報告した、と白川氏に述べている。つまりこの史料から笠間氏が、佐竹氏と敵対する伊達・白川・額田小野崎氏と独自に通交していたことが明らかである。その他、天正十六年孟夏と思われる書状でも、笠間氏は、当時宇都宮氏と塩谷領を巡って対立を深めていた那須氏当主資晴へ、後北条軍の小田領侵攻等を詳細に報じ、この軍事情報を後北条氏から得たと述べており、後北条氏に通じる動きを見せている。[38]

秀吉の小田原征討に際して笠間氏は、宇都宮国綱に従って天正十八年五月二十七日に小田原へ参陣し、臣下の礼をとっており、[39]他の史料からも、少なくとも天正十八年頃まで宇都宮領内の笠間城主として盤踞していたことが確認できる(40)。しかしその後、理由は判然としないが、豊臣政権の権力を背景とした宇都宮氏の家中統制下で笠間氏は改易となり(41)、代わりに笠間城代には国綱の直臣である玉生美濃守が任じられる(42)。

以上、起請文交換後の笠間氏の動向・存在形態について、関連史料を通じて検討を試みた。笠間氏が所領相論の裁定を行う等、笠間領統治に一定の権限を有しており、依然益子氏と境目の地を巡る紛争を繰り広げていたこと、伊達・白川氏等と独自に通交していたことを指摘した。

おわりに

笠間氏を事例として、宇都宮氏・佐竹氏との起請文交換の歴史的背景、両氏への服属過程、起請文交換後の動向・存在形態を検討してきた。

特に、起請文を交換する際、被服属者側(宇都宮氏・佐竹氏)の宿老クラスの領主が取次として笠間氏の進退を保証し、当主同様起請文を取り交わす場合があることを確認した。こうした点は、起請文を交換し取次を務める等、国衆の進退の保全を担うという後北条氏の「指南(43)」の役割とほぼ同様である。また、宇都宮氏への服属に際し、笠間氏当主とともに笠間家中の有力者も、宇都宮氏当主へ起請文を提出させられていることを明らかにした。笠間・宇都宮氏間には、起請文提出・交換の重層性が見られることが指摘できる。このような起請文提出・交換に至った背景としては、宇都宮家中内における笠間・益子氏間の紛争の長期化、笠間家中の分裂、北関東領主層に対する後北条氏の外圧等によって、宇都宮氏の家中統制が危機的状況に瀕していたことが考えられる。なお、笠間氏が宇都宮氏に赦免され起請文交換を行う際、宇都宮氏が「能仁寺」へ裁定を仰いだり、僧籍の家臣である松音軒が使者を務めた点を踏まえると、

寺・僧籍の家臣が、領主間の和平に一定の役割を果たしたことが確認できる。(44)

領主層が起請文を提出し服属する過程については、今後他領主の事例との比較検討がさらに必要である。この点は、次章以降でも詳しく見ていきたい。

註

(1) 江田郁夫氏の研究によると、この頃宇都宮氏の家中が形成されたという(「宇都宮家中と笠間氏」〈同『戦国大名宇都宮氏と家中』第二章、岩田書院、二〇一四年、初出二〇一〇年〉)。
(2) 「関東幕注文」(上杉家文書、『新潟県史』資料編三中世一№三〇四)。
(3) 笠間氏については、註(1)江田論文の他、荒川善夫氏が基礎的な動向・存在形態を明らかにしている(「宇都宮氏と家臣団」〈同『戦国期北関東の地域権力』第二部第二章、岩田書院、一九九七年〉、「宇都宮氏の権力構造の変遷」〈同『戦国期東国の権力構造』第二編第五章、岩田書院、二〇〇二年〉、『戦国人名辞典』〈吉川弘文館、二〇〇六年〉所収「笠間綱家」の項)。
(4) 荒川善夫「国綱の時代」(註(3)同『戦国期北関東の地域権力』第一部第四章)。
(5) 西導寺蔵「今宮祭祀録」(『氏家町史』史料編古代・中世№二一〇)。
(6) 結城晴朝書状写(小田部庄右衛門氏所蔵文書〈以下「小田部文書」と略す〉、『栃木県史』史料編中世二〈以下『栃木』二と略す〉所収)。
(7) 弘治二年(一五五六)十一月九日付結城政勝寄進状(高橋神社文書、『結城市史』第一巻古代中世史料編所収)等。
(8) 宇都宮国綱書状写(家蔵四九№二一、『茨城』V所収)。

（9）佐竹義重書状（多功文書、『上三川町史』資料編原始・古代・中世所収）。
（10）睡虎斎宗竹書状写（小田部文書、『栃木』二所収）。
（11）二月十四日付宇都宮国綱書状写（家蔵四九№二二、『茨城』Ⅴ所収）。この文書で国綱は、宇都宮氏の「屋裏」（洞ヵ）が区々であることを嘆いている。
（12）市村高男『東国の戦国合戦』（吉川弘文館、二〇〇九年）。
（13）戦国期の益子氏当主については、江田郁夫「戦国時代の益子氏」（同『下野の中世を旅する』所収、二〇〇九年、初出二〇〇一年）を参照。
（14）賀藤大隅守書状（佐八文書、『栃木』二所収）。
（15）睡虎斎宗竹官途状写（小田部文書、『栃木』二所収）。
（16）宇都宮国綱書状写（家蔵四九№二四、『茨城』Ⅴ所収）。
（17）宇都宮国綱書状写（家蔵四九№二五、『茨城』Ⅴ所収）。
（18）芳賀高継起請文写（家蔵四九№二六、『茨城』Ⅴ所収）。
（19）宇都宮国綱書状写（家蔵四九№二三、『茨城』Ⅴ所収）。
（20）秋田県公文書館所蔵「寺崎氏系図」には、「天正ノ未綱家之臣路川大和守某反ス（寺崎）出羽守能ク防テ綱家ヲ助ケ城ヲ全ス」とある。
（21）笠間綱家判物写（家蔵四九№三一、『茨城』Ⅴ所収）。
（22）起請文作成の際、「血判の証人」という相手側使者の眼前で血判を据えるという手続を経るため（黒田基樹「宣戦と和睦」〈同『中近世移行期の大名権力と村落』第一部第二章、校倉書房、二〇〇三年、初出二〇〇二年〉）、史料中の「連判」

は血判の作法を示す可能性がある。
(23) 宇都宮国綱書状写(家蔵四九№二〇、『茨城』Ⅴ所収)。
(24) 註(22)黒田論文。
(25) 笠間綱家書状写(家蔵三№七、『茨城』Ⅳ所収)。
(26) 佐竹義重起請文写(家蔵四九№一一、『茨城』Ⅴ所収)。
(27) 市村高男「戦国期常陸佐竹氏の領域支配とその特質」(同『戦国期東国の都市と権力』第一編第三章、思文閣出版、一九九四年)。
(28) 宇都宮国綱から笠間家中へ宛てた起請文は確認できないが、身分・家格の差により、史料8や史料11のような定型的な起請文が発給されなかった可能性がある。この点については、次章以降を参照。
(29) 笠間綱家が寺崎出羽守へ宛てたものについては、註(21)笠間綱家判物写、笠間氏家臣の福田氏へ宛てたものについては、天正十三年九月吉日付笠間綱家名字状写(家蔵四八№四一・№四二、『茨城』Ⅴ所収)を参照。笠間氏の事例は、宇都宮氏の他の「親類」や「家風」(芳賀氏・益子氏)のほとんどについてあてはまる(註(3)荒川「宇都宮氏と家臣団」)。
(30) 笠間綱家官途状写(家蔵四八№四四、『茨城』Ⅴ所収)。
(31) 笠間綱家判物写(家蔵四八№四三、『茨城』Ⅴ所収)。
(32) 八月十六日付笠間綱広書状写(家蔵四八№三七、『茨城』Ⅴ所収)。綱広が笠間氏当主である点は、註(1)江田論文を参照。
(33) 益子忠宗官途状写(小田部文書、『栃木』二所収)。
(34) 笠間綱家書状(早稲田大学白川文書、『白河市史』第五巻資料編二古代・中世№一〇〇三)。

(35)　史料13の花押影は、天正十五年六月二十三日付雨賀井周防守宛益子忠宗官途状写（家蔵五No.一一二、『茨城』Ⅳ所収）の花押影と形状が似ている。
(36)　伊達政宗起請文・同証文・同条書（熱海孝治氏所蔵白河家文書、『仙台市史』資料編一〇伊達政宗文書ⅠNo.四七三〜No.四七五）。この時期の白川氏と伊達氏の政治的関係については、小林清治「義親と中世白川氏の終末」（同『戦国大名伊達氏の研究』所収、高志書院、二〇〇八年、初出二〇〇四年）を参照。
(37)　「小彦」が、額田小野崎氏当主の昭通を指すこと、当該期に伊達政宗と額田小野崎氏が佐竹攻めを目的として盟約を結んでいたことについては、茨城史料ネット「レスキューされた伊達政宗の「密書」」（『常総中世史研究』一、二〇一三年）を参照。
(38)　笠間綱家書状（瀧田文書、『栃木県史』史料編中世一所収）。年代比定については、後北条氏の常陸在陣が記された、天正十六年三月と推定される北条氏政書状（幡谷文書、『戦国遺文　後北条氏編』No.三二九六）・北条氏政書状写（押田家文書中、同No.三二九七）との関連性による。この点については、荒川善夫氏からご教示を得た。
(39)　佐竹義宣・宇都宮国綱参礼次第注文写（佐竹文書、『真壁町史料』中世編Ⅲ所収）。
(40)　関東八州諸城覚書（毛利家文書、『栃木県史』史料編中世四所収）。
(41)　江田郁夫「豊臣政権下の宇都宮家中」（同『戦国大名宇都宮氏と家中』第七章、岩田書院、二〇一四年、初出一九九七年）。
(42)　国文学研究資料館蔵「下野国檀那帳」（『南河内町史』史料編二古代・中世所収）。
(43)　黒田基樹「戦国大名北条氏の他国衆統制（一）」（同『戦国大名領国の支配構造』第一章、岩田書院、一九九七年、初出一九九六年）。後北条氏の「指南」とは、黒田氏によると、後北条氏の御一家衆、松田・大道寺・遠山氏等宿老を指す。

（44）　この点は、越相同盟時の政治交渉過程を検討した、遠藤ゆり子「越相同盟に見る平和の創造と維持」（藤木久志・黒田基樹編『定本・北条氏康』所収、高志書院、二〇〇四年）でも、指摘されている。

補論　武茂氏の動向

はじめに

武茂氏は、下野武茂荘（旧馬頭町のほぼ全域を含む）を本領とした領主で、応永期に本宗家の宇都宮氏が断絶した時に家督を輩出した有力な宇都宮一族である。文明期頃に宇都宮氏との内訌に敗れた後も、近隣の白川氏や佐竹氏等の影響を受けながら武茂荘に隠然たる勢力を保ち続け、最終的には佐竹氏の家臣として近世を迎えた。

武茂氏に関する研究は、史料的制約からその動向に不明な点が多いため、十分になされていない(1)。特に、応永～康正期頃の武茂荘の支配体制、文明期頃の宇都宮氏との内訌の様相、永禄期に佐竹氏と起請文を取り交わした前後の存在形態等、未解明な点や検討すべき点が少なくない。武茂氏が当該期の宇都宮氏をはじめとした東国の地域権力に与えた影響は看過できず、基礎的な事実関係の解明と再検討を行う必要があるだろう。

以上のような理由から、本稿では中世後期における武茂氏の動向を東国の地域権力との関係を中心に明らかにしていきたい。

一　応永～文明期頃の動向

武茂氏が中世後期宇都宮氏の中で台頭してきたのは、宇都宮基綱が康暦二年（一三八〇）の小山義政の乱で敗死し、後を継いだ満綱も夭逝した時である。この時、血脈的に嫡流に最も近い武茂綱家の嫡子と言われる持綱が相続した(2)。しかし、持綱は応永二十九年（一四二二）六月の鎌倉公方足利持氏による小栗氏討伐の際、同じ京都扶持衆である小栗氏に与同したため、その討伐を受けて家人の多くは討ち取られてしまう(3)。最終的には持綱自身も同年八月に敗死し、嫡子等綱も本拠宇都宮が没落する等、宇都宮氏は存亡の危機にさらされた(4)。

等綱は幕府の援助の下、遅くとも永享七年（一四三五）までには宇都宮氏の家督を継承する(5)。等綱は、その後の永享の乱や結城合戦、京徳の乱等の幕府と鎌倉府との抗争においては、ほぼ一貫して幕府方として行動するものの、古河公方足利成氏の討伐を受け、再び没落してしまう(6)。

ここでは、本宗家に家督を輩出した後の武茂氏の動向を検討する。

〔史料1〕(7)

下野国茂武〔武茂〕大山田村や八郎在家

分銭二貫文

右所者、八槻近津大明神寄進申候也、状如件、

永享十一年二月十三日（白川直朝）（花押影）

〔史料2〕(8)

上杉奥州跡塩谷三ケ郷幷武茂十二郷事、如先年去進候、於此以後不可違篇申候、若兎角篇申候者、
大明神・八幡大菩薩・鹿島大明神可蒙御罰候、恐々謹言、
康正二年四月一日　沙弥道景（宇都宮等綱）（花押）
白川（直朝）修理大夫殿

史料1は、白川直朝が武茂郷大山田（那珂川町大山田上郷・大山田下郷）の在家分銭二貫文を白川氏の信仰の厚い八槻[9]神社へ寄進したものである。武茂郷大山田は、武茂一族である大山田氏の本領と思われるが、この史料から永享十一年以前に、白川氏へ譲渡されていたことがうかがえる。また、史料2は、「武茂十二郷」を等綱が白川氏へ譲渡していたことを示すものである。この「武茂十二郷」は、武茂氏の本領にあたる武茂荘を指すと思われ[10]、「如先年去進候」という文言から、康正二年（一四五六）以前にそれらは白川領となっていたことがわかる。

白川氏は、宇都宮氏と同じ京都扶持衆という立場にあり、幕府方として当時、宇都宮氏と堅密な関係にあった。等綱は、家督を継ぐ前に白川氏の下に身を寄せていた可能性があり[11]、足利成氏による討伐後、長禄二年（一四五八）には白川氏の元へ赴いていた[12]。実質的に白川氏が武茂荘の支配を行ったかは不明であり、名目的な譲渡の可能性もあるが、等綱は「武茂十二郷」を援助の見返りとして白川氏へ譲渡したものと思われる。

ここで、「武茂十二郷」が白川領になる前後の武茂荘の支配体制と武茂氏の動向について言及したい。持綱が宇都宮氏へ入嗣する前後、持綱の父武茂綱家の生存が不明である等、史料上は武茂一族の具体的動向を読み取ることができない。武茂綱家の系譜を引く者が存在した可能性[13]も考えられるが、史料1・2を踏まえると、武茂氏は応永～康正期頃に持綱を家督として輩出した後に断絶し、本領の武茂荘は本宗家の直轄支配となっていた可能性が高い。持綱の宇都宮氏入嗣後、武茂氏は本宗家の宇都宮氏として行動していたのである。

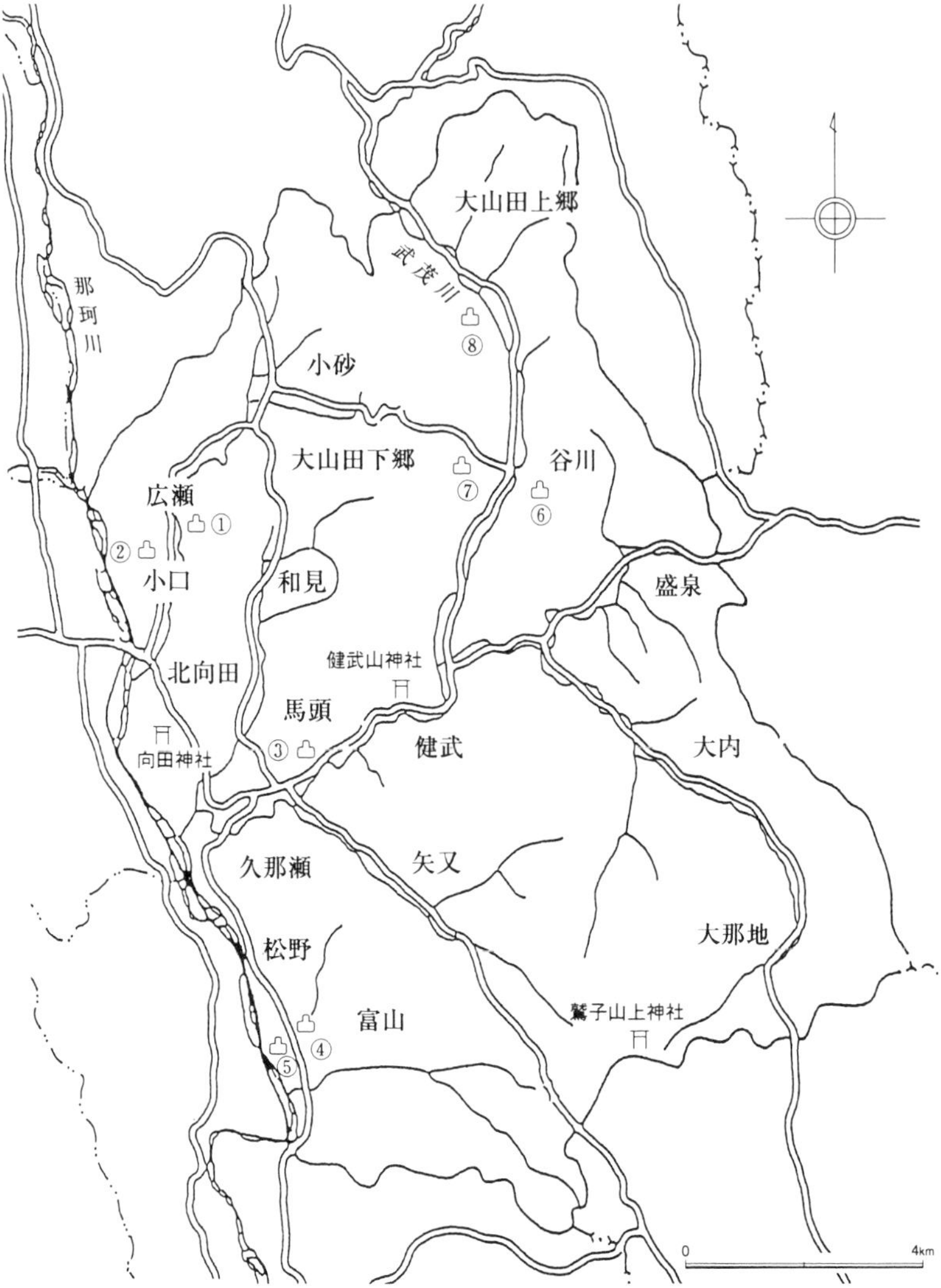

現在の馬頭地域と城館跡

①梅ケ台館　②広瀬城　③武茂城　④松野城　⑤台の館　⑥隆崖城　⑦石井館　⑧上郷隆崖城

『馬頭町史』第3編第4章「中世の城館と文化」4-1図と『角川日本地名大辞典』9 栃木県1285頁の那須郡馬頭町の地図を基に作成

宇都宮氏と武茂氏関係略系図

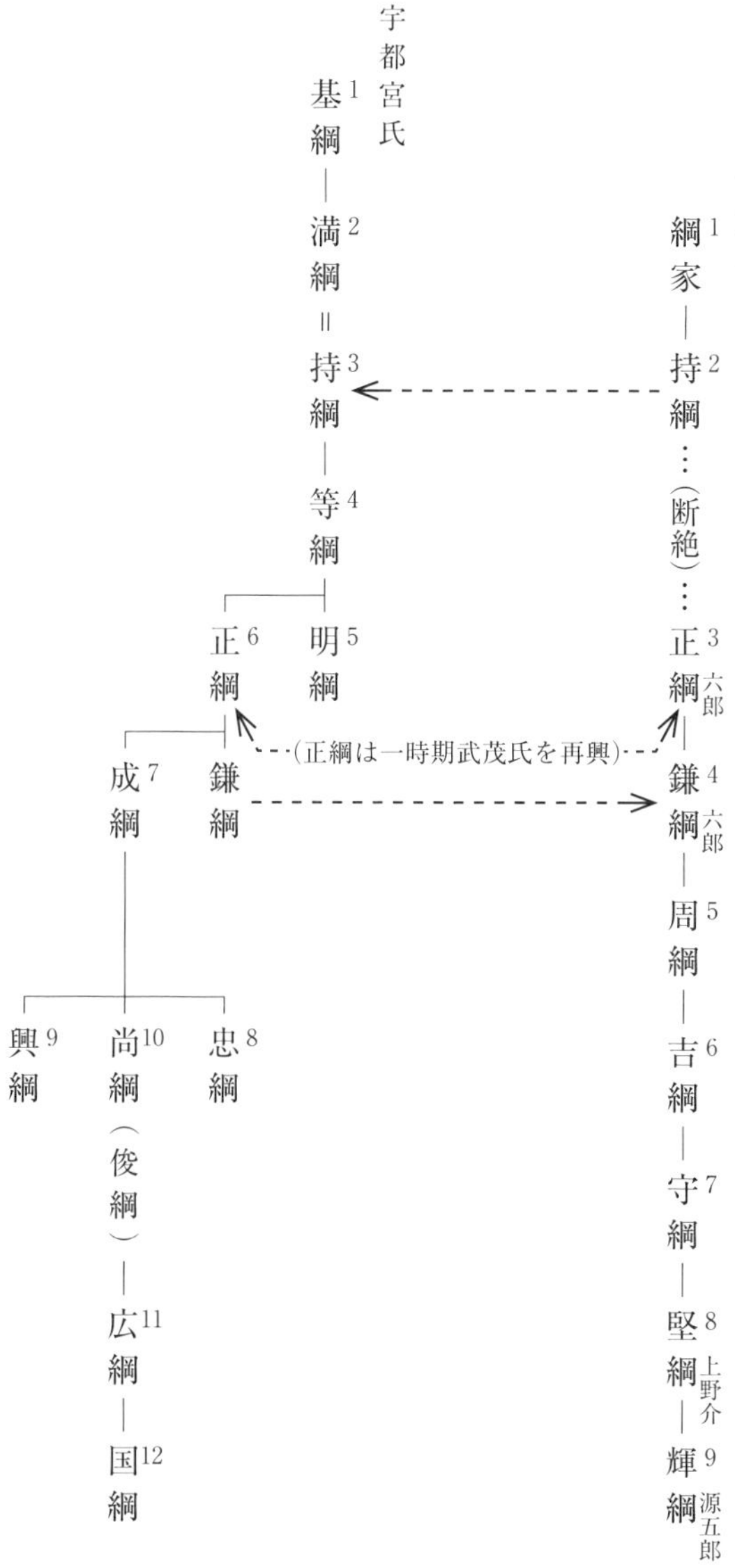

（註）
1　『系図纂要』と秋田県公文書館所蔵「御家譜坤」等を基に作成。
2　武茂氏の「周綱」「吉綱」については、管見の限り、一次史料でその動向を確認できない。
3　＝は養子関係を示す。
4　数字は宇都宮氏と武茂氏での家督順位を示す。

宇都宮氏は、等綱嫡子明綱の跡を継いだ正綱の後、その子息である成綱が相続するが、成綱家督中に宇都宮氏に内訌が勃発する。

〔史料3〕[14]

対宇都宮武茂野心趣候歟、雖然有親気、定無事可成刷候乎、若此儘向惣領致不義候者、無二成綱(宇都宮)合力可然候、謹言、

八月廿八日　(足利成氏)(花押)

小峯参河守殿

〔史料4〕[15]

今度武茂六郎(鎌綱)背弥四郎(宇都宮成綱)之処、無二相守成綱(宇都宮)候条神妙候、弥可存其旨候、謹言、

十一月十九日　(足利成氏)(花押影)

簗右京亮殿

これらは、文明十年(一四七八)代前半頃とみられる文書である。[16]史料3は、足利成氏が白川一族の小峯氏へ宛てたもので、武茂氏が「惣領」の宇都宮氏に対して「野心」をもったので、もし「不義」したならば宇都宮氏に合力するよう命じたものである。武茂氏の「不義」は実際に行われ、史料4で足利成氏は、「武茂六郎」の謀反に対して「弥四郎」(宇都宮成綱)[17]を守った宇都宮一族多功氏の重臣簗氏を賞している。武茂氏の謀反は、結果的に鎮圧されたのである。

さて、ここで問題となるのは、「武茂六郎」という人物である。宇都宮氏を継いだ正綱が「武茂六郎」を名乗ったという記載は諸系図[18]で確認できるが、史料3より本宗家を一旦継いだ人物が「惣領」である成綱に背くということはあり得ない。では、一体誰なのか。関連史料から考えると、「武茂六郎」は宇都宮正綱の長男と言われる鎌綱と思われる。

武茂氏関係諸系図によると、武茂鎌綱の項には「チンバニテ武茂ニ隠居嫡子ナレトモ次男ナル」[19]「武茂祖正綱之嫡男也然病人故不受家督隠居于武茂」[20]等という記載があり、成綱の項には「雖為次男兄鎌綱病人故継宇都宮之家」[21]という不自然な記述がある。これらの系図の記載は、成綱との家督争いに敗れた鎌綱の子孫が自家の汚点を隠すために記述したものではないか。つまり、弟の成綱が宇都宮氏の家督を継いだので、父正綱と同じ武茂氏を名乗っていた「武茂六郎」(鎌綱)が、本宗家の家督を奪うため兵を挙げたと推測される[22]。本宗家に家督を輩出する等、宇都宮一族の中心であった武茂氏は、文明期頃の内訌で本宗家に臣従したのであった[23]。

本宗家に対する謀反を鎮圧された後の武茂氏の存在形態を考える上で、次の寄進状に注目したい。

〔史料5〕[24]

武茂之内河口之年貢　壱貫文
近津江寄進申候、
可有御意得候、取継者、北条伊勢之方より可仕候、仍為後日一筆進之候、執達如件、
明応九年庚申十一月朔日　(白川政朝)(花押影)
近津別当江参

ここでは、白川政朝が八槻神社の近津別当に「武茂之内河口(那珂川町富山字川口付近ヵ)之年貢」を寄進したことが記されており、依然として白川氏が、武茂荘を影響下に置いていたことがわかる。ただ、近津別当へ取り次いでいるのが武茂氏の家臣とみられる北条氏であることから[25]、当時、在地で実質的な支配をしていたのは武茂氏であることがわかる。内訌後の武茂氏と宇都宮氏との関係は史料上確認できないが、武茂氏は白川氏の影響下にある武茂荘へ退いたのであろう。白川氏とその一族の小峯氏の対立抗争があった永正七年(一五一〇)十月頃の文書[26]によると、古河公方

足利政氏と白川政朝が武茂荘を巡って関係が悪化していることが読み取れるので、武茂氏は少なくともこの頃までは白川氏の影響下に置かれていたことが推測される。

二　永禄期以後の動向

宇都宮氏は、永正~天文期にかけて、近隣の領主層をも巻き込みながら重臣の芳賀氏や宇都宮一族等と内訌を繰り返し、「洞中」の分裂は深刻化する。(27) また白川氏は、永正七年の一族小峰氏との内訌によって武茂荘と堺を接する依上保（茨城県大子町）から撤退し、天文後期以後、佐竹氏による陸奥南郷（福島県東白川郡一帯）進出を招いていた。(28)

当該期の武茂氏は、天文年間頃、「武茂修理大夫」（守綱ヵ）が、古河公方足利晴氏へ年頭の祝儀として樽・白鳥を進上していることが確認できる。(29) また武茂守綱は、永禄三年（一五六〇）七月頃、佐竹氏による白川領南郷への再出兵に関連して、佐竹・白川氏間を仲裁する陸奥の岩城重隆へ「和談之義双方（佐竹氏と白川氏ヵ）へ被申届候哉、早々時宜成就念願候」と報じており、政治情勢の変化の中で、岩城氏と独自に通交していた。(30)

特にこの時期、佐竹氏が永正期に依上保を掌握した後、(31) 永禄期以後に本格的に武茂荘と境を接する那須地方へ進出するが、その中で示した武茂氏の動向と存在形態を中心に、ここでは考察する。

〔史料6〕(32)

尚々

此度当口御稼付、片平・白具〔久〕可有知行事尤候、恐々謹言、

永禄六年癸亥

霜月十二日　義昭《佐竹》（花押影）

武茂上野介《堅綱》殿

〔史料7〕(33)

起請文之事

一自今已後、其方到無御別条者、於義重《佐竹》不可有別心事、

一有讒人如何様之儀申候共、不残可申理事、

若偽候者、

（神名等省略）

則可蒙御罰者也、依如件、

永禄九年

七月二日　義重《佐竹》（花押影《「血判」》）

武茂上野介《堅綱》殿

同　源五郎《輝綱》殿

これらの史料は、上那須衆が佐竹氏と結んで那須資胤に対して抵抗を繰り返していた頃の文書である(34)。佐竹氏が弘治三年（一五五七）十月の那須氏との同盟(35)を破って那須領への進出を開始し、武茂氏を軍事編成下に置こうとしているのが読み取れる。史料6以前の天文末～永禄初年頃の書状には、佐竹義昭が武茂堅綱と「会面」したことが記されており(36)、武茂氏は佐竹氏の影響を強く受けるようになっていた。

史料6で特に註目すべき点は、「可有知行事尤候」という文言であり、武茂氏自身が自力で那須氏から奪い取った

「片平」(那珂川町片平)、「白具」(那須烏山市白久)両村を佐竹氏が承認したことを示している。また、史料7の起請文は、(武茂氏が)別条無き上は義重も別心無いこと、譏人の儀を糾明すること、という内容で、佐竹氏優位の盟約である。(37) この起請文は、佐竹氏が武茂氏とともに那須氏に対する共同戦線を確立するため取り交わしたものと推測される。

佐竹氏は、那須氏と永禄十二年九月頃には和睦していたが、(38) 永禄十三年頃から那須領へ猛烈な侵攻を開始する。佐竹氏は同年七月の武茂荘での戦いにおいて「那須衆数輩討取」って勝利を納め、(39) また、元亀元年(一五七〇)八月には武茂荘の大山田を平定している。(40) このように佐竹氏が優勢に合戦を進めることができた背景として、永禄十三年三月に、佐竹北家の家臣である小野崎氏が松野砦(那珂川町松野)に在番する等、(41) 那須地方との境目に位置する武茂荘の領主層を傘下に置きつつあったことが考えられる。(42)

佐竹氏の影響力が武茂荘にも強まる中、武茂氏の動向と存在形態を考える上で、次の史料が残されている。

〔史料8〕(43)

尚々

今度那須事切付、弥義重(佐竹)所江御入魂、実以本望至候、依之太山田并田〔多〕部田進之候、向後尚以無二可被相談事尤ニ候、恐々謹言、

十月九日　義重(佐竹)（花押影）

武茂上野介(堅綱)殿

〔史料9〕(44)

武茂江相談、可有忠信由、快善之至候、時宜於成就者、大関一跡不可有相違候、委細武茂上野介(堅綱)方可被及理候、恐々謹言、

元亀弐年辛未
霜月十四日　義重（佐竹）（花押）
太輪信濃守殿

史料8は、「今度那須事切付」という文言や、佐竹義重が武茂堅綱へ大山田の地を宛行っていることが読みとれるので、佐竹氏が那須氏と手切れして大山田を陥落させた元亀元年八月以降に出された文書である。武茂氏は、元亀元年頃まで那須氏か佐竹氏か、それとも中立かで去就を決めかねていたが、「弥義重所江御入魂」して合戦に参戦したのである。また、史料9からは、佐竹義重が太輪氏に対して武茂氏と相談した上での忠信を賞し、事が成就した際には「大関一跡」を宛行うことを約束しているのが読み取れる。「委細武茂上野介方可被及理候」という文言からも、当時この地域の佐竹方の中心が武茂氏であったことがわかる。武茂氏の動向が、佐竹氏と那須氏の勢力関係を左右していたことが推測されよう。(45)

これらの史料から、武茂氏は堅綱の代の永禄～元亀期、主に那須氏に対する佐竹氏の軍事的与力となっていたことが指摘できる。武茂氏と佐竹氏の関係は、佐竹氏優位の盟約関係であり、武茂氏は佐竹氏から本領支配の介入を受けず、その行動と存在形態は相対的な自立性を保持していた。(46)

武茂氏と佐竹氏のこうした関係は、基本的には天正末期まで継続していたと考えられ、その点は、次の史料からもうかがえる。

〔史料10〕(47)

尚々、武茂方之事、無体不可相返候処ニ、其方証人之義ニ付而、如此ニ候、此所塩味尤ニ候、以上、

今般来越之儀、御大義ニ候、依証人易、頻ニ詫言、無拠候、彼武茂方之事、於佐（佐竹）洞中不安族之人ニ候得共、其方証

人易、何共難黙止候条、任其意候、万々大長（大石長門守）可相理候、
（後欠）

この史料は、天正十八年（一五九〇）初め頃、伊達政宗が陸奥の石川一族である浅川氏へ宛てたものと推測される(48)。天正七年以降、白川・蘆名・岩城氏等は佐竹氏と連携し、当該期に南下政策を進めていた伊達氏と対抗するが、岩城氏以外の諸氏の服属により、天正十七年の段階で南奥における伊達氏の優勢は決定的なものとなった(49)。こうした中で武茂氏も、この史料により天正末頃には、伊達氏へ証人を差し出すことで服属していたことが明らかである(50)。さらに、史料の「武茂方之事、於佐洞中不安族之人ニ候」からは、武茂氏が佐竹「洞中」において比較的高い身分・格を有する領主であると政宗が認識していたことがわかる(51)。なお、この史料との関連で、天正十八年四月頃、蘆庵（武茂堅綱）が下総の結城晴朝から小田原征討に関わる東国の情勢を報じられている(52)。この中で晴朝は、「御息自会津（伊達氏が当時領有）被引移候由、巷説候」と述べているため、史料10の武茂氏の証人は、堅綱の実子であった可能性が高い。

以上の点から当該期の武茂氏は、佐竹氏と軍事的関係を強化しつつも、政治情勢の変化に応じて佐竹氏と敵対する伊達氏へも服属したこと、さらに岩城氏や結城氏とも独自に通交する存在であったこと、が指摘できる(53)。

三　武茂氏の信仰

次に、武茂氏の地域的基盤や信仰を考察するため、三点の棟札の表面を考察する。

〔史料11〕(54)

大行事帝釈天―今日阿弥陀如来―碑喩文殊丼―戒師釈迦牟尼如来

聖中天中天
封　武茂中城式部太輔殿　南光坊
迦陵頻伽声　少将公
大旦那武茂藤原守綱判　小屋奉行林蔵坊　本願福泉
卍　鷲子山御社頭再興別当　長悦（花押）　天文廿一年壬子十二月三日
大旦那江戸右近大夫通直判　大工藤右衛門
哀愍衆生者　其他番匠
封　河内殿　小屋大工野口土佐守
我等令敬礼　多宝院　数多有之

〔史料12〕[55]

証誠大梵天王―諸行事普賢廾―戒行事観世音廾
封　大行事帝尺天王　封
聖主天中天　大旦那藤原朝臣守綱　願以此功徳
今日戒師弥勒廾
迦陵頻伽声　并江戸上野守　普及於一切
碑文師文殊菩薩
卍　奉参於武茂当社鳥居造立阿弥陀如来垂跡鷲子権現別当成房丸
証誠大梵天王

哀愍衆生者　　本願林蔵坊　我等与衆生
諸行事普賢井
我等令敬礼　　勧進沙門　皆共成仏道
封　戒行事観世音井　　山芲坊　封

〔史料13〕(56)

聖主天中天　大行事帝尺天王　願以此功徳
大旦那藤原朝臣守綱　日
今日戒師弥勒井　普及於一切
迦陵頻伽声
錍文師文殊井　如来垂跡
卍　奉参於武茂当社井垣造立阿弥陀
証誠大梵天王　鷲子
哀愍衆生者　本願沐蔵坊
諸行事普賢井　我等与衆生
我等令敬礼　戒行事観世音井　皆共成仏道
封

これらの棟札は、常陸の鷲子地方（茨城県常陸大宮市）と下野の那須地方の境界に位置する鷲子山上神社（那珂川町矢又)のものである。鷲子地方は、水戸を本拠とする江戸氏の一族が代々領有しており、地理と由緒から佐竹氏に従属していた[57]。武茂氏は、向田神社(那珂川町北向田)を武茂郷の総社としていたが[58]、本領の武茂荘と鷲子地方との地理的な近さや、永禄期以後の佐竹氏との関係強化によって、鷲子山上神社への信仰心にも厚かったものと思われる。

史料11は、天文二十一年(一五五二)十二月の鷲子山上神社の再興を示したものであり、「大旦那」として武茂守綱と江戸通直(「河内殿」)が併記されているのが見える。この時の造営では、武茂氏と江戸氏がほぼ対等な関係で、共同で本殿を再興していることがわかる。

ところが、史料12の元亀二年三月の棟札では、「武茂当社」の名が記され、大旦那として「藤原朝臣守綱[59]」が「江戸上野守」より先に記されている。さらに、史料13の元亀四年四月の棟札では、「武茂当社」の名が記されているだけでなく、江戸氏の名が記されていない。これらの点から、元亀年間の鳥居・井垣造立は武茂氏主導で行われ、武茂氏が旦那権を占有化しつつあったことがうかがえる。元亀年間は、前述した通り、武茂氏が佐竹氏と那須氏の軍事的緊張関係を利用して領域支配の発展を遂げている時期であり、その権勢が寺社の造営にも表れたのではないだろうか。

おわりに

『文禄五年御蔵江納帳[60]』によると、「くなせ」(那珂川町久無瀬)、「小砂」(那珂川町小砂)、「わみ」(那珂川町和見)を領有しているのが「太田五郎左衛門」と記されており、武茂氏は遅くとも文禄五年(一五九六)頃までには武茂地方から国替された。家臣団の国替は、太閤検地による知行割に基づいて行われたものであり、大名権力の強化を推し進める効果があった。ここにいたって、武茂氏は近世佐竹家臣団に編入されたのである[61]。

以上、中世後期における武茂氏の動向を東国の地域権力との関係を中心に考察してきた。最後に本稿で新たに明らかにしたことをまとめ、今後の課題を述べて結びとしたい。

武茂氏は、宇都宮氏に家督を輩出した応永〜康正期頃に断絶し、本宗家の宇都宮氏当主として武茂荘の直轄支配を行った。宇都宮成綱が家督の時、その兄で一旦は武茂氏を継承した武茂鎌綱（「武茂六郎」）が謀反を起こすが、結果的に鎮圧され、白川氏の影響下にある武茂荘へ退く。永禄〜元亀期、佐竹氏と那須氏の軍事的対立を背景として、武茂氏は佐竹氏と起請文を通じた盟約関係を結び、主に佐竹氏の軍事的与力となることで自家の存続・発展を図るが、天正末頃には南下政策を強化する伊達氏へも服属し両属の状態となる。武茂氏は、佐竹氏との関係を基軸にしながらも、伊達・岩城・結城氏等へ服属または独自に通交する等、多様な属性を有しながら、上部権力から一定の自立性を保持した存在であった。

永正期以降、武茂氏と本宗家の宇都宮氏との関係は判然としないが、注目すべきなのは、戦国期に武茂氏歴代の当主が宇都宮氏と同じ「綱」という通字を名乗り続けていることである（「宇都宮氏と武茂氏関係略系図」参照）。これは、武茂氏が実質的に佐竹氏との軍事的関係を強めつつも、依然権威の頂点として宇都宮氏を意識し続けた表れではないだろうか。本稿で十分論じられなかった武茂氏による武茂荘支配の内実とともに、永正期以後の宇都宮氏との政治的関係については、今後の検討課題としたい。

註

（1）　武茂氏に関する研究は、堀江孝四郎『ふるさとガイド武茂一族の興亡』（馬頭町教育委員会、一九九五年）、『馬頭町史』（一九九〇年〈以下『馬頭』と略す〉）がある。

（2）『系図纂要』第六冊上藤原氏（九）所収「宇都宮氏系図」（名著出版、一九九三年〈以下『系纂』と略す〉）等。
（3）応永三十年十一月付某軍忠状（皆川文書、『栃木県史』史料編中世一所収）。この文書では、宇都宮持綱の家人として、武茂一族とみられる「大山田甲斐守」が見える。大山田氏は、武茂持綱の宇都宮氏入嗣後、その被官的地位にあったものと思われる。
（4）杉山一弥氏は、宇都宮持綱敗死後の宇都宮氏が、宇都宮持綱とは政治的路線を異にする、鎌倉府体制との関係を重視した宇都宮一族や、政治的転換を図った有力被官の芳賀氏らによって掌握された可能性を指摘している（「室町幕府と下野「京都扶持衆」」〈同『室町幕府の東国政策』第四編第一章、吉川弘文館、二〇一四年、初出二〇〇五年〉）。
（5）江田郁夫「持氏政権期の宇都宮氏」（同『室町幕府東国支配の研究』第Ⅰ編第六章、高志書院、二〇〇八年、初出一九八九年）。
（6）この点は、島村圭一「宇都宮等綱に関する一考察」（江田郁夫編『下野宇都宮氏』所収、戎光祥出版、二〇一一年、初出一九九二年）で詳述されている。
（7）白川直朝寄進状写（八槻文書、『馬頭町中世文書集』〈馬頭町、一九九五年〈以下『馬中』と略す〉〉武茂郷No.一）。
（8）宇都宮等綱去状（東京大学白川文書、『白河市史』第五巻資料編二古代・中世〈以下『白河』と略す〉No.五四九）。
（9）白川氏と八槻神社別当との関係については、小林清治「結城白川氏と八槻別当」（同編『福島の研究』第二巻所収、清文堂出版、一九八六年）を参照。
（10）「武茂十二郷」の具体的な荘域については、判然としない。なお、『白河』掲載の写真で確認した結果、文字の配置から「上杉奥州跡塩谷三ケ郷」と「武茂十二郷」は、それぞれ別々の領地であることがわかる。
（11）註（5）江田論文。

(12) 註(6)島村論文。

(13) 佐々木倫朗「永正期における佐竹氏の下野出兵」(同『戦国期権力佐竹氏の研究』第一章第二節、思文閣出版、二〇一一年、初出一九九八年)。

(14) 足利成氏書状(國學院大學白河結城文書、『白河』No.六四八)。

(15) 足利成氏感状写(家蔵四八、『馬中』武茂郷No.四)。

(16) 千田孝明氏の研究によると、史料3は長禄三年以降に出されたものであるという(「足利成氏花押研究ノート」〈『栃木県立博物館研究紀要』八、一九九一年〉)。また、『系纂』によると、成綱の生年は没年の記述から換算して応仁二年(一四六八)頃、成綱の父正綱の没年は文明九年(一四七七)頃である。以上の点と足利成氏発給文書の下限が文明十五年であること(佐藤博信「足利成氏とその文書」〈同『中世東国足利・北条氏の研究』第一部第二章、岩田書院、二〇〇六年、初出一九七四年〉)から、史料3は文明十年代前半頃のものと推定される。また、史料4についても、文書内容から史料3とほぼ同時期と推定した。

(17) 『馬中』は、「弥四郎」を宇都宮興綱としているが、江田郁夫氏の研究(「大永期の宇都宮家中」〈同『戦国大名宇都宮氏と家中』第三章、岩田書院、二〇一三年、初出一九九七年〉)に従うと、当時、興綱は生存していない。

(18) 『系纂』、『続群書類従』所収「宇都宮系図」「宇都宮系図別本」(『宇都宮市史』第二巻中世史料編所収)。なお、正綱が等綱の次男である点は、江田郁夫「下野宇都宮正綱の出自について」(『戦国史研究』一八、一九八九年)を参照。

(19) 秋田県公文書館所蔵「御家譜坤」。この系図は、秋田藩家蔵文書編纂過程の寛文五年(一六六五)に作成されたものである。

(20) 秋田県公文書館所蔵「藤姓武茂氏系図」。この系図は、秋田藩家蔵文書編纂過程の元禄十年(一六九七)に作成されたものである。

（21）　註（20）と同じ。

（22）　秋田県公文書館所蔵「松野系図」によると、松野綱員の項に「武茂鎌綱対宇都宮忠綱企逆心」という記述がある。忠綱は成綱の誤記の可能性があり、ここからも武茂氏に何らかの不穏な動きがあったことが推測される。

（23）　江田郁夫氏の研究によると、成綱の代に自立性を強めていた他の宇都宮一族・被官も武茂氏同様宇都宮氏に臣従し、宇都宮氏の家中が成立したという（「宇都宮家中の成立と展開」〈註（17）江田著書第一章、初出一九九三年〉）。

（24）　白川政朝寄進状写（八槻文書、『馬中』武茂郷№五）。

（25）　現存は管見の限り確認できていないが、天文九年（一五四〇）四月十日付武茂当社造立棟札（「常陸遺文」ヤ所収、茨城県立歴史館所蔵写真帳）には、「大旦那藤原朝臣源四郎守綱」の他、「小旦那平之朝臣北条伊勢守周義」が確認できる。史料5の「北条伊勢」は、棟札に見える「北条伊勢守」の系統と思われ、武茂氏の重臣的地位にあったとみられる。なお、「武茂当社」は、現在の健武山神社（那珂川町健武）にあたる。

（26）　足利政氏書状（熱海白川文書、『馬中』武茂郷№六）。白川氏と小峯氏の永正期の内訌については、垣内和孝「白川氏・小峰氏と「永正の変」」（同『室町期南奥の政治秩序と抗争』第六章、岩田書院、二〇〇六年、初出一九九八年）を参照。

（27）　宇都宮氏の永正期の内訌については、市村高男「永正九年の『宇都宮錯乱』について」（『宇大史学』四、一九八三年）、大永期の内訌については、註（17）江田論文、天文期の内訌については、荒川善夫「俊綱の時代」（同『戦国期北関東の地域権力』第一部第二章、岩田書院、一九九七年、初出一九八五年）で詳述されている。

（28）　市村高男「戦国期常陸佐竹氏の領域支配とその特質」（同『戦国期東国の都市と権力』第一編第三章、思文閣出版、一九九四年）。

(29) 正月十七日付足利晴氏書状写（家蔵九、『馬中』武茂氏№一三）。古河公方と武家の贈答の在り方については、久保賢司「古河公方期における贈答に関する一試論」（『茨城県史研究』六八、一九九二年）を参照。

(30) 武茂守綱書状写（御判物古書写、『牛久市史料』中世Ⅰ所収）。この史料には、佐竹氏による白川領南郷への再出兵を示すと思われる「三所再乱」「白川堺中路次兎角之苦」という文言が見られ、さらに永禄三年八月には、岩城重隆・同宜隆父子が佐竹・白川氏間の和睦に奔走しているので（菅野郁雄「白川晴綱の時代」〈同『戦国期の奥州白川氏』第三章、岩田書院、二〇一一年、初出二〇〇六年〉）、本文のように発給年号を推測した。なお、守綱以前の武茂氏当主「周綱」「吉綱」（「宇都宮氏と武茂氏関係略系図」参照）の動向については、管見の限り、一次史料で確認できない。

(31) 註(13)と同じ。

(32) 佐竹義昭判物写（家蔵九、『馬中』武茂氏№一五）。

(33) 佐竹義重起請文写（家蔵九、『馬中』武茂氏№一六）。

(34) 註(27)荒川著書第三部第三章「那須氏の動向と存在形態」（初出一九九四年）。

(35) 佐竹義昭起請文（金剛寿院文書、『茨城県史料』中世編Ⅵ所収）。

(36) 十二月八日付佐竹義昭書状写（家蔵九、『馬中』武茂氏№一四）。この史料の「武源」は武茂源五郎、すなわち堅綱を指すとみられる。

(37) 「洞」の結合関係は、「屋形」が領主層と個々に取り交わした起請文を媒介として強化される（註(28)市村著書第一編第二章「戦国期における東国領主の結合形態」、初出一九八一年）。

(38) 註(34)荒川論文。

(39) 佐竹義重受領状写（家蔵二九、『馬中』武茂郷№八）。

(40)　佐竹義重書状写（家蔵二〇、『馬中』武茂郷No.九）。

(41)　佐竹義重官途状写（家蔵三、『馬中』武茂郷No.七）。

(42)　武茂荘松野を本拠とする松野氏の場合、永禄後半以後に佐竹氏の軍事編成下に強く置かれ、那須方との合戦に参陣している（二月二十七日付佐竹義重書状写〈松野文書、『馬中』松野氏No.一〇〉等）。

(43)　佐竹義重書状写（家蔵九、『馬中』武茂氏No.一七）。

(44)　佐竹義重判物（茨城県立歴史館寄託「茂木直家文書」）。写真・翻刻文については、黒羽芭蕉の館第十二回特別企画展図録『黒羽の戦国武将大関高増』（黒羽町教育委員会、二〇〇二年）を参照。

(45)　太輪氏は、那須衆の一人と思われる（註(44)図録）。

(46)　市村高男氏は註(28)論文で、下野東部の茂木・武茂・松野氏は、相対的な自立性を維持したまま佐竹氏の軍事的支配に服属していた存在と位置付けている。

(47)　浅川家文書（『仙台市史』資料編一〇伊達政宗文書Ⅰ〈以下『仙台』と略す〉No.六八五）。『仙台』は、政宗自筆と推測する。

(48)　天正十八年四月二十九日付浅川豊純宛伊達政宗書状（浅川家文書、『仙台』No.六八四）には、「証人替成就之義」と記され、この史料と同じ大石長門守が浅川氏への使者として確認されるため、本文のように宛所と発給年代を推測した。

(49)　高橋充「奥羽と関東のはざまにて」（熊谷公男・柳原敏昭編『講座東北の歴史』第三巻所収、清文堂出版、二〇一三年）。

(50)　武茂氏は、天正十七年十月に、「佐竹衆武茂方」として伊達氏と交戦しているため（伊達政宗書状〈高橋鉄郎氏所蔵文書、『仙台』No.五四三〉）、伊達氏への服属はこれ以降とみられる。

(51)　史料中の「不安」は「やすからざる」と読み、身分・格が高いことを示していると思われる。「安い」はこの場合、格や身分が低いという意味である（『日本国語大辞典』）。この点は、荒川善夫氏からご教示を得た。

(52) 結城晴朝書状写（岩城文書、東京大学史料編纂所所蔵謄写本）。この書状は未紹介であり、小田原征討過程における領主層の動向の一端を示したものとして重要であるため、全文翻刻掲載する。

如御意其以来者、従無指儀絶音問様意外候事、仍京都為御手合、義宣《(佐竹)》向壬・鹿《(壬生・鹿沼)》出勢肝要至、自当口者小・榎《(小山・榎本)》・古河・
栗橋表及調儀、当地中岬《(中久喜)》張陣、小・榎無手透及取扱候、好ケ之時節、石治《(石田三成)》使下着見聞之間心安存候、路次見合　京
都御陣所へ被参陣遍塞ニ候、大道寺《(政繁)》松井田ニ在城、被取詰不及了簡懇望、彼二男為証人相渡候間、天徳寺《(宝衍)》有同道、上
方御陣へ被打越之由候、河越江戸迄一途可有之候、将亦佐野退散之前、内談之間及取扱候、太貫幷梅雲打果、佐地《(佐野)》
衆打入候、天徳寺従類者廿二帰城ニ候、年月広円寺御懇誠不浅存計候、委細者期来信時候、恐々謹言、
追而、御息自会津被引移候由、巷説候、目出度存候、已上、
卯月廿七日　晴朝《(結城)》（花押影）
蘆庵江《(武茂堅綱)》

(53) このように、戦国期領主層が上部権力と多種多様な従属関係を形成したことを論じたものに、佐々木倫朗「佐竹氏の南奥進出と船尾氏の存在形態」（註(13)佐々木著書第三章第三節、初出二〇〇八年）がある。

(54) 鷲子山社殿再興棟札（鷲子山上神社所蔵、横浜市歴史博物館編集・出版『中世の棟札』〈二〇〇二年〉No.三七）。この棟札は、表面のみ全体で漆塗りされて、朱漆で文言が書かれており、中世では極めて稀な例であるという。

(55) 鷲子権現鳥居造立棟札（鷲子山上神社所蔵、『中世の棟札』No.五〇）。

(56) 井垣造立棟札（鷲子山上神社所蔵、『中世の棟札』No.二〇）。

(57) 鷲子地方を領有する江戸氏については、『水戸市史』上巻第八章「江戸氏の水戸地方支配」（藤木久志執筆分、一九六三

年）、『美和村史』第三章第五節「城と館の構築」（小野関雄執筆分、一九九三年）を参照。

(58)『馬頭』。向田神社には、天文十一年棟札と永禄十一年棟札が残されている。ただ、どちらも磨滅等でほとんど文字は判読できない。このうち永禄十一年のものには、「大旦那藤原朝臣武茂豊綱」と記されていることは確認できる。「豊綱」は有力な武茂一族、あるいは世代的に当該期の秋田藩家蔵文書に散見する堅綱の可能性がある。

(59)史料12・13の「藤原朝臣守綱」は、世代的には当該期の秋田藩家蔵文書に散見する堅綱（「守綱」と改名ヵ）を指す可能性がある。

(60)秋田県公文書館所蔵文書（『馬中』松野氏№二六）。

(61)武茂氏は、松野氏とともに佐竹氏の秋田移封に際しても従っている（『馬頭』）。

第四章　佐竹氏の起請文発給・受給形態

はじめに

本章では、常陸の佐竹氏(1)を事例に、起請文とその関連文書を検討することで、戦国期地域権力の権力編成の一端について、言及する。

佐竹氏は、周知の通り、南奥・北関東地域における代表的な地域権力であり、戦国期には「東方之衆」の盟主的存在として、独自の勢力圏を形成した(2)。さらに同氏には、秋田藩家蔵文書を中心として、一族・家臣等との関係を考察する上で、豊富な史料が残されている。

また、今回検討の対象とする佐竹氏は、前書(誓約内容)と神文・罰文(神仏の勧請・自己呪詛文言)から構成され、書止文言に「如件」を使用する定型的な起請文(3)の他、文中・文末に神文等が記され、書止文言に「恐々謹言」等を使用する起請文言を含む書状を多数発給している(4)。こうした書状等の中にも、起請文と同様の機能を有しているものが見られるため、分析の対象とすることで、より佐竹氏権力の実態を捉えることができると思われる。本章では特に、起請文と起請文言を含む書状・判物との相違にも十分留意して、論を進めていきたい。

戦国期佐竹氏略系図

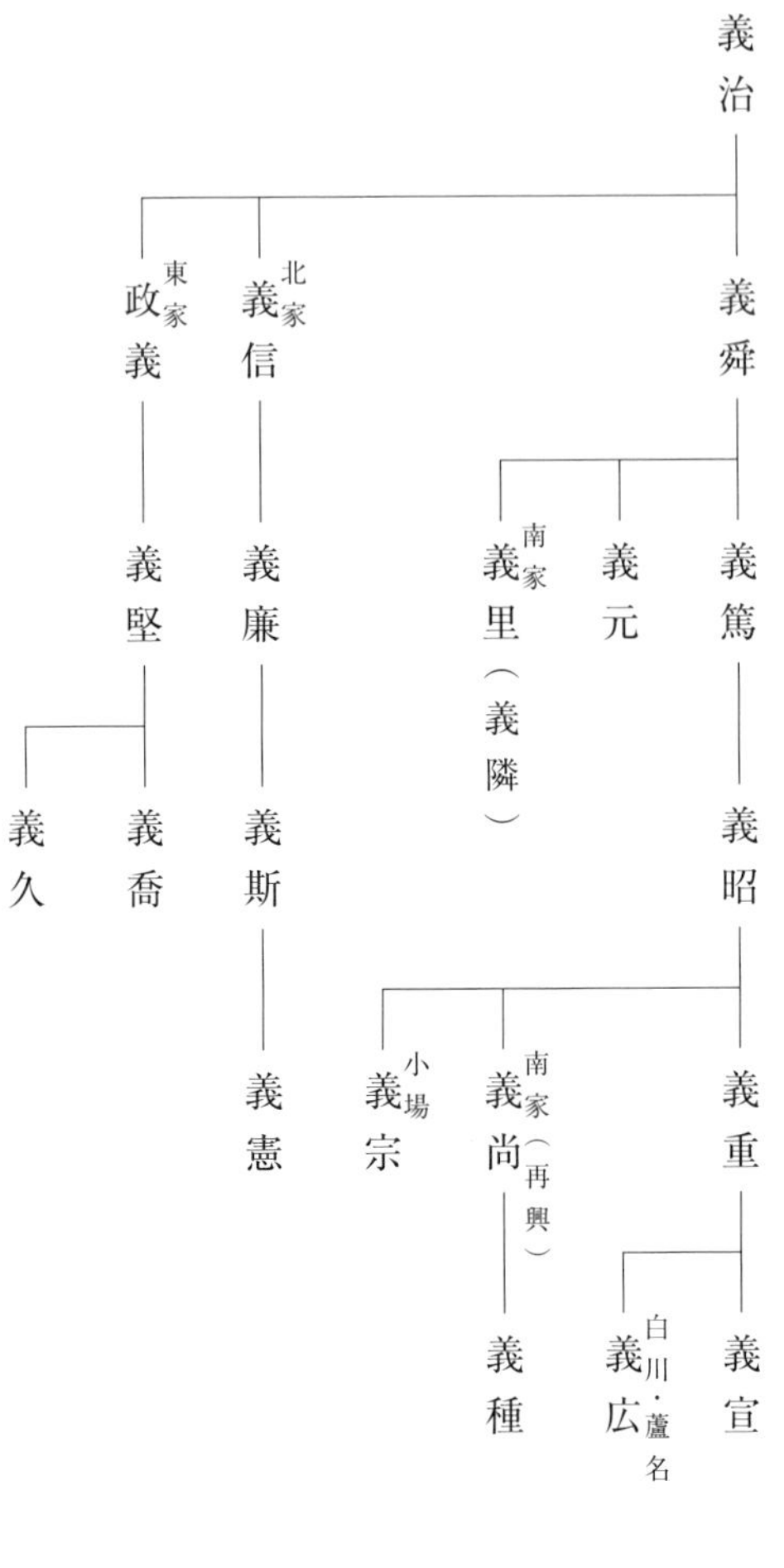

※本章に登場する人物を中心に掲出。拙稿「戦国期佐竹氏の起請文に関する基礎的考察」（『栃木県立文書館研究紀要』一三、二〇〇九年）掲載の系図に加筆・修正。

一　佐竹氏の起請文

はじめに、佐竹氏（当主、佐竹東家・北家・南家、佐竹一族、側近・奉行人）の起請文を検出し、起請文の内容・発給契機・手続等の特徴について、述べていきたい(5)（表1参照、番号は表と対応、以下同じ）。

佐竹氏が発給した起請文は、兵法契約（表1No.7・No.31・No.39）・和歌門弟契約（表1No.27・No.28）を内容・契機とするものと案文と思われるもの(6)（表1No.15・No.38）を除くと、その多くが料紙に牛玉宝印(7)を使用し血判を据えている（表1「牛玉」「血判」）。

（一）内容

〔史料1〕

「義重公御誓書義宣公御加判」＊（朱字の意、以下同じ）

起請文

一不新儀ニ候へ共、於向後無二忠信逼塞之上者＊「塞之上再考」、其方父子へ聊不可有別心事、

一佞人之取成も候者、可及糺明候、又可承事、若此義偽候者、

上者梵天・帝釈・四大天王、下者堅牢地神・熊野三所大権現・「不見」＊「日光」「再考」三所権現・当国鹿嶋大明神・八幡大井、別而者愛岩〔宕〕大権現、惣而日本国中大小神祇　可〔蒙脱カ〕御罰也、

仍如件、

天正十四年七月八日

（佐竹）義重（花押影）「御血判」*

（佐竹）義宣（花押影）「御血判」*

太山因幡守殿（義景）

同　孫二郎殿（義則）

「午王裡」*

〔史料2〕

「東義久誓書堅哲加判」*

敬白「起請文之事」*「再考」*

一於向後も被対屋形様（佐竹義重）無二至于御忠信者、於自分も無別心可申合事、

一万乙有佞人、横合之取成候共、貴辺御筋目を以被迎合事、聊無如在可令馳走事、

右条々於偽者、

上ニ者梵天・帝釈・四大天王、〔下ニ者脱カ〕堅牢地神・八幡大井・广〔摩〕利支天・愛岩〔宕〕山・飯縄・富士・三嶋・日光三所、別而熊野三所大権現、物而日本国中大小神祇・鹿嶋大明神・天満大自在天神可蒙御罰者也、仍如件、

天正十四年　（佐竹義斯）賢哲（花押影）「血判」*

七月二日　（佐竹）義久（花押影）「血判」*

太山因幡守殿（義景）

御宿所

〔史料3〕
「和田安房守昭為書」*
　返々
向後我等へ無二懇切可有之由、誓書を以承候、尤本望之至令存候、拙者事も無隔心、此以後者弥々可申合候、可
御心安候、若又申隔者候者、速ニ其方へ相尋可申候、此儀於偽者、当郷　近津大明神・宇賀大明神・八幡大井・
摩利支尊天可蒙御罰者也、
　　仍如斯、
天正拾二年甲申　　　　　　　　　　和田安房守
　　七月十日　　　　　　　　　　　　昭為（花押影）
　安嶋美濃守殿
　　　　参

史料1（表1№18）・史料2（表1№42）は、天正十四年（一五八六）七月のほぼ同時期に、佐竹氏の有力一族である大山氏へ宛てたものである。起請文交換の背景には、那須衆の千本氏の支援を受けた大山氏等の反佐竹宗家勢力と、佐竹宗家・小場氏・茂木氏等の対立が根底にあったと言われている(8)。

佐竹氏当主の起請文である史料1（表1№18）では、大山氏が二心無く忠信すれば、佐竹氏も大山氏に対して別心無いこと、讒言等があっても糺明することが誓約されている。佐竹氏当主が一族・家臣、他氏の一族・重臣等へ宛てた起請文の場合、史料1と同様の形式で、佐竹氏当主が優位に立ち領主層の進退を保証する旨を記した起請文は、多数確認できる（表1№1・№3・№4・№8・№9・№11・№12・№17・№21・№23・№24・№26）(9)。当主起請文には、この他、

江戸氏宛に人返し承認（表1No.2）、岩城一族の船尾氏宛に助勢・証人返還（表1No.24）、滑津（福島県中島村）から赤館（福島県棚倉町）への移転（表1No.25）等の内容が見られる。また一方で、那須氏宛起請文には、逆心を企てる者への支援禁止（表1No.5）、婚姻（表1No.5・No.6）、白川氏宛には、領土協定（表1No.13）、名跡相続（表1No.13・No.20）等のほぼ対等な政治的交渉の中身が記されている。[10]

次に、佐竹東家・北家・南家（佐竹三家）の起請文の例として、史料2（表1No.42）を検討する。この史料では、「屋形」に大山氏が忠信すれば、佐竹義斯（北家）・同義久（東家）も別心無く大山氏と申し合わせること、讒言等があった場合は、義斯・義久が馳走することが誓約されている。佐竹北家・東家が発給した起請文にも大山氏の進退を保証する内容が記され、大山氏を佐竹氏当主へ取り次ぐ形で、佐竹氏当主起請文と組み合わされて発給されたことがわかる。史料2のように、佐竹一族・宗家家臣、他氏の一族・重臣等の進退を保証した起請文は、佐竹三家にも多数見られる（表1No.29・No.30・No.32〜No.34・No.36・No.37・No.40・No.41）。さらに、佐竹義久起請文には、史料2と同様の形式で、文言から佐竹氏権力を前提として発給されたもの、あるいは同一時期に発給した佐竹氏当主起請文とほぼ同内容の文言で記されたものが確認できる（表1No.30・No.32・No.34・No.35・No.37・No.38・No.40・No.43〜No.45）。佐竹東家・北家の起請文が、佐竹氏権力を前提として、当主起請文を補充・補完する形で発給される場合があったことがうかがえよう。[11]なお、領主層の進退を保証した佐竹義喬（東家）・同義久発給起請文には、寄親・寄子編成とほぼ同一と考えられる「指南」[12]関係の成立・確認を記したものが見られる（表1No.29・No.33・No.36）。この他、石川一族の上館（沢井）[13]氏宛起請文（表1No.29）に知行安堵・助勢、同じく石川一族の奥山氏宛起請文（表1No.37）に知行安堵の内容が確認できる。

最後に、史料3（表1No.52）を検討したい。佐竹氏宿老の和田氏が、白川氏旧臣とみられる安嶋氏[14]が佐竹氏への忠節を誓う起請文を提出したことを賞し、隔心無い申合せと讒言等に対する糾明、すなわち安嶋氏の進退を保証することを誓約したものである。この史料は、佐竹氏の南奥侵攻過程で、和田氏が安嶋氏を自己の指南下へ編成したことを示すものとみられる。こうした佐竹氏権力を前提として発給されたことが文言等からわかるのは、他の側近・奉行人起請文や佐竹一族起請文にも確認でき、和睦（表1№46・№49）、馳走（表1№50）、進退保証（表1№51・№54）、証人返還と見参（表1№53）等の内容が見られる。

以上をまとめると、佐竹氏の起請文には、服属する領主層の進退保証に関わる内容が多数見られ、佐竹東家・北家、佐竹一族、側近・奉行人の起請文は、その多くが佐竹氏権力を前提として発給されていたことが指摘できる。

表1　佐竹氏起請文

（1）当主

№.	年月日	形態	発給者	宛所	誓約内容	牛玉	血判	出典
1	永正七・一二・二	写	佐竹義舜	江戸但馬入道殿・同彦五郎殿	子孫に至るまで「一家同位」とする。	○	○	家蔵一〇『茨城』Ⅳ
2	永正七・一二・二	写	佐竹義舜	江戸但馬入道殿・同彦五郎殿	人返し要請の承認。「洞之諸沙汰」の二心無き申合せ。	○	○	家蔵一〇『茨城』Ⅳ
3	天文三・閏一・三	写	佐竹義篤	小野崎大蔵太輔殿	神名の筋目を替えなければ、別条無い。二心無き奉公の上は、横合の義を除く等。	○	○	阿保文書『茨城』Ⅳ
4	天文四・七・二六	写	佐竹義篤	太山孫次郎殿	今後も替わりなければ、余儀にしない。	○	○	家蔵七『茨城』Ⅳ
5	弘治三・一〇・三	原	佐竹義昭	那須殿	（那須）資胤へ逆心を企てる者を支援しない。婚姻の儀等の申合せ。	○	○	金剛寿院文書『茨城』Ⅵ
6	（弘治三〜永禄初年頃）一一・二八	原	佐竹義昭	那須殿	以前に申合せた婚姻の儀の確認。	○	○	金剛寿院文書『茨城』Ⅵ
7	永禄七・八・九	原	佐竹義重	愛洲美作守殿・同修理亮殿	兵法契約。	×	×	家蔵五二『茨城』Ⅴ

8	永禄九・七・二	写	佐竹義重	武茂上野介殿・同源五郎殿	別条無き上は、義重も別心無い。讒人の儀の糾明。	○	○	家蔵九『茨城』Ⅳ
9	永禄一一・六・二二	原	佐竹義重	沢井左衛門大夫殿	別条無き上は、義重も別心無い。佞人の隔義の糾明。	○	○	沢井幸一家文書『石川』三〇八号
10	元亀三・六・二二	原	佐竹義重	那須殿	二心無き申合せ。佞人の言の糾明。	○	○	金剛寿院文書『茨城』Ⅵ
11	天正四・三・一三	写	佐竹義重	太山因幡守殿・同孫次郎殿	大山父子への懇切な申合せ。佞人の儀の糾明。	○	○	家蔵七『茨城』Ⅳ
12	天正六・八・一七	写	佐竹義重	舟尾山城守殿	二心無く入魂にする。（船尾氏の）白川・佐竹氏間における馳走。	○	○	家蔵二五『茨城』Ⅳ
13	（天正六・八・一七）	原 後欠	佐竹義重	（白川殿）	佐竹義広の白川名跡相続。赤館の譲渡。石川領の件。蘆名氏・田村氏との和談の件等。	○	○	早大白川文書『白河』
14	天正七・八・五	原	佐竹義重	白川殿	二心無き申合せ。	○	○	早大白川文書『白河』
15	（天正一〇カ）四・一三	案カ	佐竹義重	白川殿	佐竹氏・白川氏と石川氏の和睦。石川氏に表裏あれば申し届ける等。	×	×	早大白川文書『白河』
16	天正一〇・六・二四	原	佐竹義重	烏山南・那須殿	二心無き申合せ。密事を他言しない。佞人の取成の糾明。	○	○	金剛寿院文書『茨城』Ⅵ
17	天正一一・五・一〇	原	佐竹義重	大関美作守殿	表裏無き忠信の上は、如在無い。	○	○	大関家文書 新井論文
18	天正一四・七・八	写	佐竹義重 佐竹義宣	太山因幡守殿・同孫次郎殿	二心無き忠信の上は、別心無い。佞人の取成の糾明。	○	○	家蔵七『茨城』Ⅳ
19	天正一四・九・七	写	佐竹義重	白川殿	申合せた筋目の遵守。（白川）義親・義広へ逆心を企てる者を支援しない。佞人の取成の糾明等。	不詳	○	誓紙写 佐々木論文
20	天正一五・二・二二	写	佐竹義重 佐竹義宣	白川殿	（白川）義広嫡子・嫡女の白川名跡継承。今後の二心無き申合せ。佞人の所行の糾明。	不詳	○	誓紙写 佐々木論文
21	天正一六・閏五・一三	写	佐竹義重	笠間孫三郎殿	宇都宮氏・佐竹氏へ二心無き忠信の上は、表裏無く申合せる。佞人の取成の糾明。	○	○	家蔵四九『茨城』Ⅴ
22	天正一七・六・一七	原	佐竹義宣	白川殿	表裏無き申合せ。佞人の取成の糾明。（蘆名義広への）助勢。	○	○	早大白川文書『白河』

No.	年月日	形態	発給者	宛所	誓約内容	牛玉	血判	出典
23	天正一七・七・二四	原	佐竹義宣	箭田野安房守殿	別条無き上は、二心無く申合せる。佞人の取成の糾明。	○	○	二階堂成一氏所蔵文書『長沼』
24	天正一七・七・二八	写	佐竹義宣	舟尾山城守殿	助勢の件。船尾一類の扶助。入馬後の証人返還。	○	○	家蔵二五『茨城』Ⅳ
25	天正一七・一一・一	写	佐竹義宣	舟尾兵衛尉殿・同山城守殿	赤館への移転の件。	○	○	家蔵二五『茨城』Ⅳ
26	天正一八・二・一四	写	佐竹義宣	太山孫次郎殿	忠信の上は、懇意にする。佞人の所行の糾明。	○	○	家蔵七『茨城』Ⅳ

(2)三家

No.	年月日	形態	発給者	宛所	誓約内容	牛玉	血判	出典
27	天文二三・五・二	原	佐竹義隣	謹上 月喬斎御机下	和歌二条家門弟契約。	×	×	辻井家文書
28	(天文中~後半頃)八・五	原	佐竹義廉	謹上 伴鷗斎尊座下	和歌二条家門弟契約。	×	×	辻井家文書
29	永禄一〇・六・二四	写	佐竹義喬	上館左衛門太夫殿御宿所	二心無き申合せ。道堅の帰城にかかわらず指南。(義喬の)走廻。知行安堵。助勢。	○	○	沢井八郎文書『石川』三〇四号
30	元亀三・閏一・六	写	酒出義久	太縄監物丞殿御報	上意奉公の際の二心無き申合せ。別心無き上は、入魂にする。佞人の取成の糾明。	○	不詳	大縄久照文書『茨城』Ⅴ
31	元亀四・四・一	写	佐竹義斯	愛洲美作入道殿	兵法契約。	不詳	不詳	家蔵五二『茨城』Ⅴ
32	元亀四・一〇・一三	写	佐竹義久	太山孫次郎殿御報	屋形に対し別心あれば、如在無く申合せる。佞人の儀の糾明。	不詳	○	家蔵七『茨城』Ⅳ
33	天正三・八・四	写	佐竹義久	舟尾山城守殿	滑津移転後の二心無き指南。進退のための走廻。佞人の取成の糾明。	○	○	家蔵二五『茨城』Ⅳ
34	天正四・一二・二四	写	佐竹義久	舟尾下野守殿・同山城守殿	屋形に二心無き忠信の上は、如在無い。「雑意」があれば、証文等を調べる。	○	○	家蔵二五『茨城』Ⅳ
35	天正六・八・一九	原	佐竹義久	白川殿御宿所	佐竹義広の白川名跡相続。赤館の譲渡。石川領の件。蘆名氏・田村氏との和談の件等。	○	○	早大白川文書『白河』

No.	年月日	形態	発給者	宛所	誓約内容	牛玉	血判	出典
36	天正七・二	写	佐竹義久	大縄讃岐守殿	申合せ。侫人の取成の糾明。進退保証。讒人の所行への二心無き指南。密事を口外しない。	○	不詳	大縄久照文書『茨城』Ⅴ
37	天正九・四・二三	原	佐竹義久	奥山隠岐守殿	岩城氏・佐竹氏へ表裏無き忠信の上は、別心無い。五ヶ村の知行安堵。	○	○	蓬田家文書『石川』三七五号
38	(天正一〇カ)四・一三	案カ	佐竹義久	白川殿	佐竹氏・白川氏と石川氏の和睦。石川氏に表裏あれば申し届ける等。	×	×	早大白川文書『白河』
39	天正一〇・六・一三	写	佐竹義種	愛洲元番斎殿・同子七郎殿	兵法契約。	不詳	不詳	家蔵五二『茨城』Ⅴ
40	天正一一・八・晦日	写	佐竹義久	太山因幡守殿御報	屋形に忠信の上は、如在無く申合せる。何事も表裏無ければ、無沙汰にしない。侫人の取成の糾明。	不詳	○	家蔵七『茨城』Ⅳ
41	天正一四・三・一三	原	佐竹義斯	道無参	如在にしない。侫人の取成の糾明。二・三度失念しても、恨みに思わない。	○	○	真壁文書『真壁』
42	天正一四・七・二	写	佐竹義斯 佐竹義久	太山因幡守殿御宿所	屋形に二心無き忠信の上は、別心無く申合せる。如在無き馳走。	不詳	○	家蔵七『茨城』Ⅳ
43	天正一四・九・七	原	佐竹義久	白川殿	佐竹・白川氏間の如在無き馳走。侫人の取成の糾明。密事を口外しない。	○	○	早大白川文書『白河』
44	天正一五・二・一五	原	佐竹義久	白川殿	(白川)義広の嫡子・嫡女の白川名跡継承。二心無き申合せと如在無き馳走。侫人の所行の糾明。	○	○	早大白川文書『白河』
45	天正一七・一〇・晦日	写	佐竹義久	舟山参	赤館への移転の件。以前内談した筋目の了承。	○	○	家蔵二五『茨城』Ⅳ

(3)一族(三家以外)

No.	年月日	形態	発給者	宛所	誓約内容	牛玉	血判	出典
46	(明応三)一〇・八	写	山入氏義	岩城殿	佐竹義舜・岩城親隆と「同心」し、小野崎・江戸一類を退治する。義舜一家被官に等閑無い。	○	○	家蔵一〇『茨城』Ⅳ
47	永禄一三・一・一三	案写	佐竹宗誉	(欠)	信玄へ少しも無沙汰にせず、偽らない。	不詳	不詳	家蔵四五『茨城』Ⅴ

48	永禄一三・一二・五	写	小場義宗	太山殿御宿所	二心無き申合せ。佞人による隔儀の糺明。	不詳	○	家蔵七 『茨城』Ⅳ
49	天正四・三・二五	写	小場義宗	太山殿御宿所	屋形へ別条無ければ、二心無く申合せる。佞人の儀の糺明。	不詳	○	家蔵七 『茨城』Ⅳ

(4)側近・奉行人

No.	年月日	形態	発給者	宛所	誓約内容	牛玉	血判	出典
50	永禄九・九・九	写	和田昭為	白川御館江	偽りなき馳走。(和田氏も白川方に)別心無い。	不詳	○	誓紙写 佐々木論文
51	天正六・七・一五	写	大山義種 他五名	船尾野州・同山城守殿参	表裏無き上は、二心無く馳走する。	○	○	家蔵二五 『茨城』Ⅳ
52	天正一二・七・一〇	写	和田昭為	安嶋美濃守殿参	隔心無き申合せ。隔儀の糺明。	不詳	不詳	家蔵五 『茨城』Ⅳ
53	(天正一六カ)三・二七	原	大窪種光 国安久之	芹沢江参	帰陣後の証人返還。(佐竹氏への)出頭等。	○	×	芹沢文書 『茨城』Ⅰ
54	天正一八・四・三	写	人見藤道	川井右馬助殿まいる	上意奉公の際の二心無き指南。一族を差し置き佐竹氏の筋目を守る等。	不詳	不詳	家蔵四四 『茨城』Ⅴ

凡例

1 形態について、「原」は原本、「案」は案文を示す。「写」は、秋田藩家蔵文書・東京大学史料編纂所所蔵影写本・「佐竹義重証文」(内閣文庫)で確認した。

2 牛玉・血判について、原本の実見または写の記載によって確認できたものを○、原本の実見によって確認できなかったものを×とする。原本がなく、写にもその記載が見られないものについては、不詳とした。

3 宛所について、文書の伝来・内容から、No.47は武田信玄。

4 出典等について、家蔵は秋田藩家蔵文書、『茨城』Ⅳは『茨城県史料』中世編Ⅳ、『茨城』Ⅴは『茨城県史料』中世編Ⅴ、『茨城』Ⅵは『茨城県史料』中世編Ⅵ、早大白川文書は、早稲田大学図書館所蔵「結城白川文書」、『石川』は『石川町史』第三巻資料編一考古・古代・中世、『白河』は『白河市史』第五巻資料編二古代・中世、新井論文は新井敦史「黒羽町所蔵中世文書の基礎的考察」(『那須文化研究』一一、一九九七年)、誓紙写は「佐竹義重等誓紙写」、佐々木論文は佐々木倫朗「〈史料を読む〉東京大学史料編纂所蔵『佐竹義重等誓紙写』について」(『日本史学集録』二八、二〇〇五年)、『長沼』は『長沼町史』第一巻資料編Ⅰ、『真壁』は『真壁町史料』中世編Ⅰ、『茨城』Ⅰは『茨城県史料』中世編Ⅰの略。No.7の原本は、秋田県公文書館所蔵「平沢家文書」。No.13は、原本の早大白川文書が後欠であるため、「佐竹義重等誓紙写」で年月日と宛所を補った。No.27・No.28の辻井家文書は、山城郷土資料館寄託文書。

（二）発給契機

佐竹氏は、十五世紀から十六世紀にかけて、室町幕府と鎌倉府の対立と結びつく形で「佐竹の乱」[15]という一族内紛を経験する。延徳二年（一四九〇）以降、佐竹義舜は一族の山入氏と対立・抗争を繰り返し、一時は太田城を追放されるものの、明応二年（一四九三）十月、岩城氏の仲介によって山入方勢力と和睦する。この時取り交わされたものの一つが、山入氏義が岩城氏へ宛てた表1No.46である[16]。この後、永正元年（一五〇四）の山入氏滅亡によって義舜は太田城へ復帰し、佐竹宗家としての地位を確立する。その結果、佐竹義舜は表1No.1・No.2を発給し、乱の当初は佐竹宗家と敵対し佐竹領を侵犯していた江戸氏[17]を佐竹勢力下に位置付けた。さらに、享禄二年（一五二九）から天文九年（一五四〇）にかけての「部垂の乱」（当主の義篤と弟義元を中心とした一族層との対立・抗争）[18]の最中、義元の反乱に同調するのを防ぐため、義篤は石神小野崎氏と大山氏へそれぞれ表1No.3・No.4を発給している。この他、佐竹「洞中」を中心とした抗争を機に発給されたものとしては、佐竹一族の大山氏と小場氏の対立等を調停・和睦させた時と推測される表1No.11・No.18（史料1）・No.32・No.40・No.42（史料2）・No.48・No.49が確認できる。

永正・天文期の内訌を克服した後、佐竹氏は、下野東部・常陸中南部・南奥方面への勢力拡大の過程で、多数の起請文を発給している。下野東部地域については、壬生氏・白川氏対策に基づく那須氏との関係改善（表1No.5・No.6）、対後北条氏同盟（表1No.10）、那須資胤から資晴への代替わりに伴う同盟関係の確認（表1No.16）のため、佐竹義昭・同義重がそれぞれ那須氏へ発給している[19]。しかし、那須氏との同盟関係は長続きせず、那須郡への進出を繰り返す中で、佐竹義重は宇都宮一族の武茂氏と表1No.8、那須衆の大関氏と表1No.17を取り交わし、軍事的統制下へ置いた。また、宇都宮氏との同盟関係に基づき、義重は離反を繰り返していた宇都宮一族の笠間氏と表1No.21を取り交わし、服属させている。

常陸中南部地域については、佐竹義斯が真壁氏の大田和滞在の労を謝する意[20]で表1№41を発給している。また、天正十六年頃の江戸氏と大掾氏の抗争の際、大掾氏に属する行方衆の芹沢氏に対し、東家重臣の大窪氏・国安氏連署で表1№53を発給し服属させている。

南奥地域について、天正前半頃までのものを概観する。白川氏関係については、永禄九年（一五六六）九月の佐竹・白川氏間の関係確認（表1№50）、天正三年六月頃の佐竹氏による白川領制圧[21]（表1№33）、天正六年八月に実現した白川・佐竹氏間の和睦[22]（表1№12・№13・№35・№51）、天正七年二月頃の佐竹義広（義重次男）の白川城在城[23]に伴う指揮下領主層統制（表1№36）、佐竹氏・白川氏の合戦同陣（表1№14）を機に、起請文を発給している。石川氏関係については、道堅（石川晴光）・石川昭光父子の離城[24]による石川一族の動揺（表1№9[25]・№29・№37[26]）、石川昭光の帰城に伴う関係の調整（表1№15・№38）のため、起請文を取り交わしている。また、南奥支配において佐竹義久は、兄の義喬の引退に伴い、義喬から指南を受けていた宗家家臣の大縄氏を引き継ぐ際[27]に、表1№30を発給している。さらに義久は、佐竹氏から一時的に離反した形跡がうかがえる船尾氏と表1№34を取り交わし、関係を確認している。

天正後半については、天正十四年の南奥「惣無事」を背景とした佐竹・白川氏間同盟の強化[28]（表1№19・№43）、天正十五年二月の白川（佐竹）義広の蘆名名跡相続（表1№20・№44[29]）を機に、起請文を取り交わしている。一方で、伊達氏による南下政策の強化、佐竹勢力後退を背景として、白川氏・箭田野氏（二階堂一族）・船尾氏を佐竹氏傘下に繋ぎとめるため、起請文が発給されている（表1№22〜№25・№45）。また、宿老の和田氏は安嶋氏を指南下へ置く際に、表1№52（史料3）を発給している。

この他、永禄十二年六月の越相同盟成立を背景として武田氏への接近を示すとみられる表1№47が、一族の佐竹宗誉から武田信玄へ宛てられている。また、佐竹義宣が大山氏との関係を確認した表1№26と、側近の人見氏が佐竹氏家臣の川井氏を指南下へ置いた表1No.54については、天正十八年五月の小田原への参陣、豊臣政権への服属を背景として発給されたことが可能性として考えられる。

以上をまとめると、佐竹氏は、軍事的侵攻・勢力関係の変化に伴う領主間の緊張関係、内訌等による「洞中」支配の動揺を主要な契機として、起請文を発給していたことがわかる。

(三) 手続

ここでは、佐竹氏権力から起請文が発給される手続について、表1掲出の起請文の文言と、領主間で起請文を取り交わしたことが推測される文書(「誓詞」「誓書」「血判」等の文言があるもの)を中心に検討していくこととする。

里見氏との起請文交換の場合、天正九年十月に梶原政景が里見氏家臣の岡本元悦・同氏元父子へ「従貴国義重神名御所望之案書、去春来着、如其被認置候、御使者次第、可被及血判候」[30]と述べたように、案文の取り交わしや血判の証人(この場合は里見氏の「御使者」)の前で血判を据える、という一連の手続が確認できる。この他、天正二年十一月に、上杉謙信が佐竹義重へ関宿城救援に急ぎ参陣することを求めた時、「以前進候誓詞血判望之由候間、梶原・河井備前守陣下江招、速血判申候」[31]と述べている。こうしたことから、佐竹氏と里見・上杉氏等との起請文交換の場合、ほぼ対等に近い手続が行われていたことがわかる。

また、佐竹氏が白川氏と和睦・同盟、同盟の確認等を行う際、佐竹氏当主とともに佐竹義久が白川氏へ起請文を提出しているだけでなく(表1No.13とNo.35、表1No.15とNo.38、表1No.19とNo.43、表1No.20とNo.44)、佐竹義重の起請文に添えて佐竹義斯と佐竹義久の起請文が武田勝頼へ提出されている例も確認できる。[32]さらに、一族の佐竹宗誉が武田信玄へ提出した事例(表1No.47)と、宿老の和田昭為が白川氏へ提出した事例(表1No.50)についても、ほぼ同時期に佐竹氏当主が武田氏と白川氏へそれぞれ起請文を提出したことが可能性として考えられる。佐竹名字を名乗り当主を補佐する三家の他、宿老クラスの領主も起請文提出が求められたことが推測される。

次に、他氏の一族・重臣等との手続について、検討したい。これについては、表1No.17に「今度以誓書、猶向後無二可有馳走之由」とあるように、服属者からの忠信・馳走を誓う起請文提出を受けて、佐竹氏権力から起請文が発給されていたのがわかる（他、表1No.21・No.23・No.34・No.52〈史料3〉が該当）。佐竹氏権力が定型的な起請文を発給していることから考えると、他氏の一族・重臣等が提出した「誓書」（表1No.17・No.21・No.23・No.52）、「証文」（表1No.34）も、同形式の起請文と考えてほぼ間違いない。また、表1No.21発給以前の天正十六年五月五日に、笠間綱家が佐竹義斯へ「今般以代官使者申達候処、雖不始儀候、（中略）就中以御書付被仰越候、本望之至令存候、（中略）奉対御当方毛頭不存疎儀条、如何様近日可申達候」[33]と述べ、起請文を佐竹氏へ近日中に提出することを約束している。「御書付」は、佐竹氏からの起請文提出許可、または北家の佐竹義斯を介して交渉の結果もたらされた起請文案と思われる。さらに、起請文交換に関連したものとして、表1No.9には、沢井氏の「忠信一入」が記され、四月十六日付船尾兵衛尉宛佐竹義重書状写には、「此度無二可有奉公之由、祝著候、（中略）委細梅（佐竹氏宿老の岡本梅江斎禅哲）可被申越候、誓書請取候」[34]と記されている。起請文の取り交わし以前、あるいは佐竹氏権力からの起請文発給以前に、参陣等の奉公が求められたことがうかがえる。

これらの点から、他氏の一族・重臣等が佐竹氏へ起請文を提出し服属する過程において、佐竹三家や宿老層を窓口とした条件交渉、佐竹氏からの起請文提出許可（案文の送付等）、服属者の忠信・奉公を経る場合があり、最終的には佐竹氏から服属者へ起請文が発給されていたことが推測される。その際、佐竹義久や側近・奉行人層も、当主の起請文発給と連動して、当主とほぼ同時に起請文交換を行っていたことが考えられる[35]（表1No.12とNo.51、表1No.25とNo.45）。また、起請文交換後、行方衆の芹沢氏のように佐竹氏へ見参を果たす事例も確認できる（表1№53）。

なお、佐竹氏の一族・家臣との起請文交換手続については、史料的制約から判然としない。佐竹一族については、大山氏を巡る佐竹「洞中」の抗争に際し、表1№18（史料1）と№42（史料2）、表1№11と№49のように、佐竹義斯・同義久、小場義宗が当主とほぼ同時に大山氏と起請文を取り交わしている。このことから推測すると、佐竹一族との起請文交換も、他氏の一族・重臣等に対する手続と同様の過程を経ていた可能性が考えられる[36]。

二　佐竹氏の起請文言を含む書状・判物

ここでは、佐竹氏当主、佐竹三家の起請文言を含む書状・判物を検出し、第一節と同様の視点でその特徴を検討していくこととする（表2参照、番号は表と対応、以下同じ）。

佐竹氏の起請文言を含む書状・判物については、原本並びに写の注記を見る限り、牛玉宝印の使用や血判の痕跡は見られない。また、側近・奉行人が発給した起請文言を含む書状・判物については、管見の限り、確認できない。

（一）内容

〔史料4〕

*「源真公御書」　*「右同人」

返々懇之条、喜悦不少候、行末迄も可為奉公候へは、誠ニ目出度候、

彼神名のすち目、後日迄も至于無相違は、少も無別条、懇を可成之候、又誰人申隔義も候ハヽ、不尋本ニ不可成

候、於爰元は心易存候而、奉公簡要候、八幡大井・日本之諸神、其身ちかハす候者、涯分懇可成之候、万吉重而
謹言、

六月十八日　　　　義昭（佐竹）（花押影）

□（和）田掃部助（昭為）殿　　　　義昭

〔史料5〕

昭光（石川）本意之儀、朝（浅）川太和守走廻可有之之由承候、不及是非忠信、因之地形之事、被致詫言候歟、尤太田和・小貫
速ニ相任候、殊和田安房守（昭為）踞所白石之儀承候、何篇其方意見之外、不可有之候、此儀偽候者、八幡大井可蒙御罰
候、恐々謹言、

極月廿三日（天正元年）　　　　義重（佐竹）（花押）

中務太輔（佐竹義久）殿

〔史料6〕

尚々於向後、無別心可申合候、
此度以舟兵（船尾昭直）条々承候、一段祝著之至候、如被露紙面候、於向後義重（佐竹）所へ至于無御別心者、於自分も不可存如在候、
如此之上、無隔意弥可申承候、若此義於偽者、八幡大菩薩・鹿嶋大明神、別而者愛岩（宕）・飯綱可蒙御罰候、万吉重
而恐々謹言、

二月四日　　　　義久（佐竹）（花押影）

上遠野常陸介（政秀）殿

御宿所

〔史料7〕

＊「佐竹又七郎義憲北書」

尚々北口へ被打越儀、一段大儀ニ候、やかて〱御打帰候へく候、

其方かせかる丶ニ極候、扨亦此度自訴詫言かない申候て、其方しんたいの儀も一途引立可申候、弥三方へも別而懇切可申候、可心安候、此儀八幡も照覧候へ、心中無偽候、已上、

九月十日　（佐竹）義憲（花押影）

（小野崎備前守）小野備　身

（封墨引影）

史料4（表2№4）は、天文二十年前後[37]に、佐竹義昭が側近の和田昭為へ宛てた書状である。勧請神仏の数が「八幡大井・日本之諸神」のみで、罰文が記されていない形式である。和田氏からの奉公を誓う「神名」（起請文）提出を受け、起請文の内容に相違なければ今後も入魂にすること等を誓約し、和田氏の進退を保証する内容となっている。史料4のように、佐竹氏当主が優位な立場に立ち領主層の進退を保証したものは、この史料の他、表2№1〜№3・№6・№8が確認できる。

また、史料5（表2№7）は、天正元年に佐竹義重が東家の佐竹義久へ宛てた書状である。罰文は記されているものの、勧請神仏は「八幡大井」のみで、略式的な形式である。白石城（福島県浅川町）に在城していた石川昭光の佐竹氏服属[38]に際し、「忠信」[39]した石川一族の浅川大和守へ太田和・小貫（いずれも福島県浅川町）を与えること、佐竹家から出奔していた和田昭為を白石城へ配置すること、を起請文言を付すことで了承している。南奥仕置を委任されている[40]佐竹義久の意見を受けて、義重が最終的な判断を下しているのである。この後、佐竹義久は表2№16で、和田昭為に対し、浅川大和守との「談合・忠信」を賞した上で、「屋形（佐竹義重）御威光之儀」のための走廻を命じ、今後の進退を保証

している。つまりこの場合、佐竹義重・佐竹義久間、佐竹義久・和田昭為間の個別的な誓約によって、和田昭為の佐竹家への復帰、進退の保証がなされたのである。当主書状の内容としては、この他、薬の件（表2№5）、知行安堵（表2№6）、帰陣の約束（表2№9）等が見られる。

次に、佐竹三家の例として、史料6（表2№15）・史料7（表2№21）を中心に検討する。史料6は、元亀末～天正初年頃、佐竹義久が岩城氏重臣の上遠野氏へ宛てた書状である[41]。この史料の場合、勧請神仏の数がやや少ないものの、書止文言が「恐々謹言」である以外は、定型的な起請文と大きくは変わらない。船尾氏の仲介で上遠野氏が佐竹氏へ「条々」（起請文ヵ）を提出したことを謝し、佐竹義重に対して上遠野氏が別心無ければ、義久もなおざりにしないこと等、上遠野氏の進退を保証することが誓約されている。この史料の場合、上遠野氏を佐竹氏当主へ取り次ぐ形式となっており、佐竹氏権力を前提として発給されたことがうかがえる（他、表2№14〈後掲史料9〉・№16・№17が該当）。

続いて史料7（表2№21）は、天正末頃、北家の佐竹義憲が北家家臣の小野崎氏へ宛てた書状である。勧請神仏は「八幡」のみで、神仏名に「照覧」文言が記された形式である（他、表2№1・№5・№10・№11・№14〈後掲史料9〉が該当[42]）。小野崎氏の「北口」への参陣を賞するとともに、「自訴詫言」を了承し、「弥三」（備前守の子ヵ）とともに進退を保証することが誓約されている。史料6（表2№15）・史料7のように、佐竹三家の起請文言を含む書状等のほとんどが、「指南」関係の成立・確認も含め、宗家家臣・三家家臣、他氏の一族・重臣等の進退を保証する内容となっていることがわかる（他、表2№10～№12・№14・№16～№20〈後掲史料10〉が該当）。佐竹三家についてはこの他、書状には人質徴収（表2№18）、判物には所領宛行（表2№13）等の内容が確認できる。

以上のことから、起請文言を含む書状・判物の内容についても、その多くが服属する領主層の進退保証を主旨としていること、佐竹義久書状には佐竹氏権力を前提としたものが見られること、が指摘できる。

表2 佐竹氏の起請文言を含む書状・判物

（1）当 主

No.	年月日	形態	発給者	宛所	誓約内容	出典
1	（文亀頃）六・一七	書状写	佐竹義舜	謹上 茂木蔵人大夫殿	長倉遠江に表裏の儀があれば、余儀無く申合せる。	茂木文書『茨城』Ⅴ
2	（文亀～永正初年頃）八・二八	書状写	佐竹義舜	高柿弾正少弼殿	疎略にしない。	家蔵四五『茨城』Ⅴ
3	（天文中頃）	書状写	佐竹義篤	北へ	「はか」の出頭の件等。	家蔵三一『茨城』Ⅳ
4	（天文二〇頃）六・一八	書状写	佐竹義昭	□（和）田掃部助殿	神名の筋目に相違無ければ、別条無い。隔義の糾明。	家蔵三四『茨城』Ⅳ
5	（永禄初年頃）四・一六	書状写	佐竹義昭	□（片）民	薬を口外しない。	家蔵四四『茨城』Ⅴ
6	（永禄九カ）六・二八	書状写	佐竹義重	三楽斎・源太殿	片野城在城及び知行の安堵。	古文書雑集『埼玉』
7	（天正元）三・一三	書状原	佐竹義重	中務太輔殿	浅川大和守へ太田和・小貫を宛行い、和田安房守を白石城へ配置することを了承。	浅川家文書『石川』三三四号
8	（天正年間）一〇・二一	書状原	佐竹義重	佐藤太隅守殿	懇切な申合せ。佞人の取成の糾明。	佐藤家文書『茨城』Ⅴ
9	年月日未詳	書状写	（佐竹義宣カ）	（欠）	帰陣の約束。	大縄久照文書『茨城』Ⅴ

（2）三 家

No.	年月日	形態	発給者	宛所	誓約内容	出典
10	（天文後半頃）二・一八	書状写前欠	佐竹義里	泉左衛門佐殿	別条無き上での申合せ。	沢井八郎文書『石川』三一九号

11	(天文後半~永禄初年頃)三・三	書状 写	佐竹義堅	舟尾野州江	隔心無き申合せ。	家蔵二五『茨城』Ⅳ
12	(永禄一〇頃)三・九	書状 原	佐竹義喬	石川七郎殿参	道堅進退の件について、(石川七郎が)和田安房守と申合せ走廻る。	浅川家文書『石川』三四七号
13	元亀二・六・一六	判物 原	佐竹義喬	太窪伊賀守殿	所領宛行。	大窪家文書 市村論文
14	元亀三・閏一・一〇	判物 写	酒出義久	船尾兵衛尉殿御報	上位奉公に際する別心無き申合せ。横合の取成への走廻。別条無き上での指南。	家蔵二五『茨城』Ⅳ
15	(元亀末~天正初年頃)二・四	書状 写	佐竹義久	上遠野常陸介殿御宿所	義重へ別心無き上は、如在無い。	上遠野秀宣文書『茨城』Ⅴ
16	(天正二カ)一・九	書状 写	佐竹義久	和田安房守殿	屋形のための走廻。進退保証。	家蔵三四『茨城』Ⅳ
17	(天正二カ)七・五	書状 写	佐竹義久	道堅御宿所	石川奥太郎の進退のため、(義久が)義重を諷諫。如在無き走廻。	泉小太郎文書『石川』三六一号
18	(天正三)八・二五	書状 写	佐竹義久	河東田河内守殿	別条無く懇切にする。河東田父子の忠信。佞人の儀を尋ねる。(河東田)兵部丞の赤館在城。	家蔵二九『茨城』Ⅳ
19	(天正初年頃)六・一七	書状 写	佐竹義久	「片岡監物殿」	指南の申し出を了承。今後も別条無く懇切にする。	家蔵四四『茨城』Ⅴ
20	(天正六~一四頃)四・一	書状 写	佐竹義久	大さんへ	二心無き申合せ。進退保証。	大縄久照文書『茨城』Ⅴ
21	(天正末)九・一〇	書状 写	佐竹義憲	小野備	進退保証。	家蔵三『茨城』Ⅳ

凡例
1　表の見方は「表1　佐竹氏起請文」と同じ。
2　№9の発給者は、「義宣公より」と伝えられる。№19の宛所は、後筆。
3　出典について、『埼玉』は『新編埼玉県史』資料編六中世二、市村論文は市村高男「佐竹家臣大窪氏と大久保城跡」(『日立市郷土博物館紀要』七、一九八八年)の略。

（二）発給契機

「佐竹の乱」を背景としたものは、佐竹義舜が山入氏攻撃のため、佐竹一族の長倉氏との同陣を茂木氏へ要請する際に発給した表2No.1、山入氏庶流の高柿（垣）氏が佐竹宗家へ服属する際に発給した表2No.2が見られる。

「洞中」・家中支配に関わるものについては、佐竹義篤が佐竹北家の当主とみられる人物へ「洞中」内の問題を記したとみられる表2No.3[43]、佐竹義昭が宗家家臣の片岡氏へ薬を口外しないことを約束した表2No.5が確認できる。これらは、当主が病気または晩年の頃に出されたものと推定される[44]。義昭は、これ以前に和田昭為と主従関係を確認するため[45]、史料4（表2No.4）を発給している。この他、前述したように、佐竹家から出奔していた和田昭為が家中へ復帰する際、佐竹義重は史料5（表2No.7）を佐竹義久へ、佐竹義久は表2No.16を和田昭為へ発給している。さらに、佐竹義久は「指南」下の大縄氏による出仕辞退の申し出を受けて、表2No.20を発給しているのが確認できる。

佐竹氏の対外進出に関係したものについては、以下のものが挙げられる。南奥地域については、白川氏関係のものとして、佐竹義久が白川氏旧臣の河東田氏へ宛てた表2No.18がある。これは、前述した天正三年六月頃の佐竹氏による白川領制圧を機に、河東田氏が白川氏から佐竹氏へ服属したことによる。また、石川氏関係のものについては、伊達氏天文の乱を背景として、石川一族の沢井氏が南家の佐竹義里を通じて佐竹氏へ接近を図ったことを示す表2No.10[46]、出奔していた道堅の帰城に伴う調整のため、佐竹義喬が「石川七郎」[47]へ発給した表2No.12、道堅の病気により、石川奥太郎（道堅の子）の進退を保証するため佐竹義久が発給した表2No.17[48]が見られる。さらに、岩城氏に関係したものは、元亀二年（一五七一）六月の佐竹氏による岩城領仕置[49]と佐竹勢力の岩城氏への浸透を背景として、佐竹義久が史料6（表2No.15）を上遠野氏へ、佐竹義重が表2No.8を岩城氏重臣の佐藤氏へ発給している。表2No.11は、岩城領内での領主間の所領相論を背景として、東家の佐竹義堅が船尾氏へ発給したものとみられる[50]。東家については、南奥支配の進展に伴い、義喬が東家重臣で留守居役である大窪氏[51]へ檜沢（茨城県常陸大宮市）支配を委任した表2№13、義久が兄の義喬から指南を受けていた船尾氏を引き継ぐ際に発給した表2№14、同じく義久が片岡氏と指南関係を形成する際に発給した表2№19が見られる。また、北家については、佐竹義憲が「北口」へ出陣した小野崎氏の詫言を受けて、史料7（表2№21）を発給している。なおこの他、「須ヶ川戦之刻御密書」と伝えられる表2№9がある。

常陸中南部地域については、小田氏治居城の小田城を巡る攻防を背景として、当時佐竹氏の客将的立場であった太田資正・梶原政景父子を片野城へ配置する際に、佐竹義重が表2№6を発給している。

以上のことから起請文言を含む書状・判物も、「洞中」・家中支配に関わる問題や、南奥等への進出を背景として、多数発給されていたことが指摘できる。

(三) 手　続

史料4（表2№4）・史料6（表2№15）に見られるように、佐竹氏側が領主層から忠信・奉公を誓う起請文提出を受けて、それに対する返書という形式で発給することが多い（他、表2№1・№2・№8・№11・№14・№19が該当）。また、その他のものについても、領主層が事前に佐竹氏側へ起請文を提出しているかどうか確認できないものの、史料5（表2№7）・史料7（表2№21）のように、領主層側から詫言の実現、身柄の保護等の申請・要求を受けて、発給する事例が多数見られる（他、表2№3・№6・№12・№16～№18・№20が該当）。さらに、「此度朝和（浅川大和守）以談合忠信之儀、無比類候」（表2№16）、「今度其方忠信、誠以祝着之至候」（表2№18）、「北口へ被打越儀、一段大儀ニ候」（史料7）と述べているように、書状を発給する前、領主層が佐竹氏側から参陣等の奉公を求められる場合も見られる。

しかし、管見の限り、案文が取り交わされたことは確認できず、また、複数の起請文や書状等とほぼ同時に連動して発給された形跡も見られない。起請文言を含む書状・判物は、手続的には、定型的な起請文と比べて略式化し発給されていたものと思われる(52)。

三　起請文と起請文言を含む書状・判物の比較

佐竹氏の起請文と起請文言を含む書状・判物は、多くの場合、南奥等への進出、「洞中」または家中支配の諸問題を契機として発給されている。また、内容についても、起請文の一部にほぼ対等な関係に基づく和睦・同盟、同盟の確認を誓約したものも見られるが、領主層の進退を保証したものが多い点等は、両形式とも同様である。

一方で、受給者については、その階層にやや相違が見られる。文書残存の偶然性も考慮に入れなくてはならないが、書状の方は、起請文と比べて宗家家臣や三家家臣の占める割合が高いだけでなく、佐竹氏権力の中枢である佐竹義久〔史料5〈表2No.7〉〕、佐竹北家の当主とみられる人物〔表2No.3〕にも、当主からの受給が確認できる。さらに、書状には、起請文の名宛人に見られる白川・那須氏等へ宛てたものが見られない。発給手続が略式的である点も踏まえれば、書状は、発給者である宗家・三家の家政運営に関わる領主層へ出される傾向にあったことが可能性として考えられる。

では、他氏の一族・重臣等が起請文言を含む書状・判物を受給している理由は何か。また、次の史料のように、発給された時期と契機がほぼ同一であるのにもかかわらず名宛人によって形式が異なる場合や、同一の領主が起請文と起請文言を含む書状または判物を受給している場合をどのように考えるべきだろうか。

〔史料8〕

「原紙牛王」

敬白　起請文之事

一於向後も　上意御奉公一筋ニ御申付者、於自分も無二可申合事、

一貴所無御別心付者、於某も聊無別条可令入魂事、付、於何事も無御隔心可被相談事尤ニ候、

一自今以後、佞人之取成も候者、相互ニ直ニ可申承事、若此義於偽申者、

上ニ〔者脱カ〕梵天・帝釈・四大天王、下、〔者脱カ〕堅牢地神・熊野三所権観〔現〕・日光三所・両八幡・金砂両山、別而愛岩〔宕〕・飯縄、惣而日本国中大少〔小〕神祇、当国鹿嶋大明神可蒙御罰者也、

仍如件、

酒出（佐竹）

元亀三年壬甲〔申〕閏正月六日　義久（花押影）

太縄監物丞殿

御報

〔史料9〕

「＊佐竹東中務大輔義久書」

返々如此之上、弥々可申承候、

今度以御誓書、条々御存分被仰分、御懇ニ承候、祝著之至候、

一上意御奉公無御沙汰御申ニ付而者、無別心可申合事、

一境目ニ御父子（佐竹義重・同義宣）御在留之上、横合之取成等候者、能々被覃御調候節、可走廻候、人口実事ニ有之間敷事、

一向後貴所無御別条候者、於某も聊無如在指南可申事、
大細事共ニ可被相談義、尤ニ候、
八幡大井・日本国中大小神祇御照覧候へ、如在不可存候、目出重々恐々謹言、

元亀三年壬申
閏正月十日　義久（佐竹）（花押影）

（封墨引影）
酒出
義久
船尾兵衛尉殿（昭直）
御報

〔史料10〕

（後筆）「天正六年三月御東より」

返々きやうくうニおいてハ無二ニ申あハせへく候、なに事ニおいてもきやく心なく、いけんニあつかり候へく候、此書中たけん御無用ニ候、

態為書中申候、依八月までさいちやうニ申付、御いとまお御申、我々とゝけニこれあるへき之由、さう〳〵ニ申へき様もこれなく候、きんねん申あハせ候しゆひ、めいはくニ候、きやうくうニおいてハ無二申あハせへく候、殊ニ其方身上之義、心かけ申候て、ひとミちとりたて可申候、如此之義、たうさの様ニ申きニこさなく候、あたこ・いつな・八まん大ほさつ・にんほんのかミ〳〵いつはりニ候ハヽ、御はんをうけたてまつり申候へく候、
以上、

（付箋）
佐竹中務少輔

四月一日　　　　　　義久（花押影）

（封墨引影）

大（大縄義辰）さんへ　　　　　身

史料8（表1№30）・史料9（表2№14）は、前述したように、佐竹義久が兄の義喬から指南を受けていた領主層を引き継ぐ際に作成したもので、ほぼ同時期に発給されている。また、文言に異同はあるものの、内容は、両史料とも佐竹氏への「上意奉公」を前提とした指南関係の確認を示すものである。史料8が定型的な起請文であるのに対し、判物とみられる史料9は、勧請神仏の数が少なく、神仏名に「照覧」文言が記された形式で、書止文言が「恐々謹言」である。発給時期・発給契機・内容がほぼ同様であるにもかかわらず、このように、形式に違いが生じているのである。

史料8（表1№30）の大縄氏は、譜代化した佐竹一族であり、この起請文を受給した元亀三年の時点では、東家の指南下に属し南奥で活動していた。大縄氏は、義久の代には恒常的に南奥に在住して支城周辺の領域支配を担当する等、[53]東家の指南下では最も有力な宗家家臣として、史料8の他にも起請文を義久から発給されている（表1№36）。宗家家臣の大縄氏が起請文言を含む書状等ではなく定型的な起請文を受給したのは、佐竹一族出身という家格の高さや、南奥支配の実質を担う立場等も関係したものと思われる。

一方、史料9（表2№14）の船尾氏も、大縄氏同様、東家の指南下における有力な領主の一人であった。特に、史料9の受給者である船尾昭直は、岩城一族出身という出自を利用し、佐竹義久の指揮下で主に周辺領主層との外交活動を行う等、佐竹氏の南奥進出の一翼を担っている。しかし、史料9を受給した頃、弘治～元亀年間の船尾氏は、前述したように、佐竹氏の影響下にある岩城領内での所領を巡って周辺領主層と抗争しており、所領の維持も困難な状況にあった。船尾氏は、こうした事態を克服するため、当時南奥へ勢力を拡大しつつあった佐竹氏へ接近したのである。つまり、この時期の船尾氏は、佐竹義久と指南関係を結んでいたものの、宗家に家臣化していた大縄氏と異なり、佐竹氏権力との関係が明確になっていない段階にあった。こうした事情から船尾氏には、定型的な起請文ではなく、起請文言を含む判物が発給されたものと思われる。

船尾氏の場合、表2№11のように、天文後半～永禄初年頃には起請文言を含む書状が発給されているが（発給者は佐竹義久の父義堅、受給者は船尾昭直の父隆直）、史料9（表2№14）より後の時期は、全て起請文が発給されている（表1№12・№24・№25・№33・№34・№45・№51）。同様に、石川一族の沢井氏についても、天文後半頃には起請文言を含む書状が発給されているが（表2№10）、これ以後は佐竹義重と佐竹義喬から起請文が発給されている（表1№9・№29）。こうした事例は、佐竹氏と服属する領主層との統制・従属関係が明確となり、佐竹氏を中心とした身分秩序内での立場がある程度固定化した段階で、地位や利益を保証する証文として起請文が発給されたことを示している。

次に、史料10（表2№20）について検討したい。この史料は、義久の花押形より、天正六～十四年頃に発給されたものである[54]。南奥を中心に活動していた大縄義辰が、何らかの事情で佐竹氏へ一定期間の出仕辞退を申し出たことに対し、佐竹義久が二心無き申合せを誓う等、大縄氏の進退を保証する内容となっている。

この史料では、義久が「此書中たけん《（他言）》御無用ニ候」と述べており、全体として仮名混じりの文体となっていることから、これが大縄氏に対し内々に出されたことがうかがえる。この史料の発給者と受給者が、表1№30（史料8）・№36の起請文と同じ佐竹義久と大縄義辰であるにもかかわらず書状となっているのは、こうした内容の機密性や緊急性等が反映したものと思われる。この他の起請文言を含む書状にも、「他見有ましく候」と記されているもの（表2№5）や、仮名混じりの文体（表2№3・№5・№9）が見られる。

つまり佐竹氏は、佐竹氏権力（発給者）と受給者の関係に加え、誓約内容の性質によって、起請文または起請文言を含む書状・判物を発給していたことが指摘できる。

おわりに

佐竹氏の起請文は、白川・那須・大山・船尾・沢井氏等、主に東国武家社会の中で比較的礼的秩序が高い領主層に対し、佐竹氏権力との関係が明確になった段階で発給された。発給手続については、他氏の一族・重臣等が佐竹氏と起請文を取り交わし服属する過程において、佐竹氏からの案文の送付、服属者の忠信・奉公等を経る場合が見られる。特に、佐竹氏の場合、佐竹三家や宿老等を窓口として服属する領主層と条件交渉を行った点や、彼らも当主とともに起請文を取り交わし、領主層の進退の保全を担ったことが確認できる。こうした点は、起請文を交換し取次を務める等、国衆の進退の保全を担うという後北条氏の「指南」[55]の役割と同様の側面を有していると言える。

一方で起請文言を含む書状・判物は、佐竹氏の家政を担う宗家家臣、三家家臣等の他、新たに佐竹勢力下に入りつつある領主層に対して、その地位や利益を保証するため、当主や佐竹三家が発給した。手続的には、案文を取り交わさず、起請文や他の書状等と連動して発給されない等、起請文と比べて略式的に発給されていたことが推測される。ただし、これらのうち少なくとも、佐竹氏側が領主層から起請文を受給した上で、その返書として発給された事例については、起請文の交換と同様の作法を示すものである。

また、本章での検討を通じて、こうした発給形式の相違、つまり、永続的な効力を期待して作成された後日の証文[56]としての起請文か、または、起請文言を含む書状等で発給されるかは、佐竹氏権力と受給者の関係（統制・従属関係や親疎の度合、家格の差、佐竹氏を中心とした身分秩序内における立場等）、誓約内容の性質によることが明らかとなった。

佐竹氏は、戦国期における急速な勢力の拡大によって、様々な階層の領主層を抱えることとなり、その中には佐竹氏の影響を受けながらも未だ自立した権力を志向する者等も含まれていた。[57]そういった領主層を掌握し、統制下に置くためには、当初においては、定型的な起請文よりも、内々に出される書状の方が、佐竹勢力を浸透させていく上で適していたことが推測される。特に、起請文言を含む書状は、様々な領主層との個別人格的な結合関係[58]及び社会的な身分秩序に基づく佐竹氏権力を補完するため、起請文とともに多数発給されたことが指摘できる。事実、佐竹氏の場合、義昭・義重期において、外部勢力との接触や領主層の包摂の増加に伴い、佐竹氏当主・佐竹義久発給の宛行状にも、書状形式のものが増加している[59]ことが先学によって明らかにされている。

今後の課題としては、起請文言を含む書状等が他の東国の戦国期地域権力でも見られるのか、見られる場合、どのように使用されたのか、事例を収集する必要性がある。[60]また、起請文の諸手続についても、佐竹氏と比較・精査することが求められる。これらの課題を受けて、次章では、後北条氏を事例に検討することとしたい。

註

（1） 近年の代表的な研究として、市村高男「戦国期常陸佐竹氏の領域支配とその特質」（同『戦国期東国の都市と権力』第一編第三章、思文閣出版、一九九四年）、佐々木倫朗『戦国期権力佐竹氏の研究』（思文閣出版、二〇一一年）、同「佐竹東義久の発給文書とその花押」（『日本史学集録』一八、一九九五年）、同「戦国期権力佐竹氏の家臣団に関する一考察」（『大正大学大学院研究論集』三八、二〇一四年）、今泉徹「戦国大名佐竹氏の地域支配体制」（『国史学』一五七、一九九五年〈以下、今泉Ａ論文と略す〉）、同「戦国期佐竹南家の存在形態」（佐藤博信編『中世東国の政治構造』中世東国論上所収、岩田書院、二〇〇七年〈以下、今泉B論文と略す〉）、佐藤圭「佐竹義宣の発給文書について」（『秋大史学』五八、二〇一二年）がある。

（2）註（1）佐々木著書第一章第三節「佐竹氏の小田進出と越相同盟」（初出二〇〇一年）。

（3）旧稿では、こうした起請文を「判物形式の起請文」と仮称したが、本章ではこの名称を使用しない。訂正理由及び起請文の捉え方については、本書序章を参照。

（4）旧稿では、これを「書状形式の起請文」と仮称したが、本章のように訂正する。訂正理由については、本書序章を参照。また佐竹氏には、書止文言に「恐々謹言」を使用しているものの、付年号が記され内容的には判物と呼ぶべきものが見られるが、後掲表2No.13・No.14のみである。そのため本章では、起請文言を含む書状が主たる分析対象となることを予め断っておく。

（5）佐竹氏には、兵法契約や和歌門弟契約を内容とした私的な起請文も見られるが（表1No.7・No.27・No.28・No.31・No.39）、本章では佐竹氏の権力編成に関わるものを主たる分析対象とする。

表1No.27は、「可有和歌三尊別而当社八幡之御照鑑者也」という形式で、罰文が明確に記されていない。しかし、山城郷土資料館寄託「辻井家文書」の和歌門弟契約起請文は、前書が表1No.27・No.28も含めてほぼ同様の内容であり、さらにこの中には神仏名に「御照鑑候、仍起請文如件」と記されたものも見られる（天文十二年二月二十七日付人見隣藤起請文等）。そのため本章では、起請文として表に掲出した。なお、これらの起請文の場合、書止文言が「仍執達如件、恐々謹言」（表1No.27）、「為後日如件、恐惶謹言」（表1No.28）等、特異な形式となっている。この理由としては、名宛人の猪苗代氏に対する書札礼上の丁重さを反映した可能性がある。

（6）表1No.15の文末は、神仏名に「則可有御照覧候、以上、仍如件」という形式で、罰文が明確に記されていないが、内容は石川氏を巡る佐竹・白川氏間のほぼ対等な政治的交渉を示すものである。さらに、同日付で佐竹義久が白川義親へ宛てた表1№.38は、この史料とほぼ同内容で、神文・罰文が記され、書止文言が「如件」である。つまり、表1№.15・№.38は、内容・形式の面から起請文言を含む書状・判物とみなし難く、佐竹・白川氏間における交渉途中の起請文、起請文の案文と思われる。

（7）佐竹氏の場合、原本として残された牛玉宝印は、管見の限り、全て「那智瀧宝印」である（本書第一章）。ただし、表1№.46の山入氏義起請文写は、「日光之午王」と注記されており、「那智瀧宝印」ではない（千々和到「中世の誓約の作法」〈二木謙一編『戦国織豊期の社会と儀礼』所収、吉川弘文館、二〇〇六年〉）。なお、戦国期東国の地域権力の起請文を通覧すると、管見の限り、料紙に牛玉宝印が使用されていない起請文に血判は据えられていない。そのため、「血判」の注記が確認できる起請文写に関しては、正文料紙に牛玉宝印が使用されたと推定される。

（8）安達和人「大山・小場抗争と戦国期佐竹氏の権力構造」（『常総の歴史』四二、二〇一一年）。大山氏は、ほぼ同時期に茂木氏とも和睦している（天正十四年八月二十四日付茂木治良起請文写〈家蔵七№.六三、『茨城』Ⅳ所収〉）。

（9）この史料には神文・罰文が記されていないが、「熊野午王」「血判」の注記が見られ、さらに佐竹氏の他の起請文同様、領主層の進退保証を主旨としている。そのため、本章では起請文として表に掲出した。神文・罰文が記されなかった理由としては、同時に発給された表1№.2との関連性が考えられる。

（10）戦国期に佐竹・白川氏等に属した船尾氏の動向については、註（1）佐々木著書第三章第三節「佐竹氏の南奥進出と船尾氏の存在形態」（初出二〇〇八年）を参照。

（11）拙稿「戦国期佐竹氏の起請文に関する基礎的考察」（『栃木県立文書館研究紀要』一三、二〇〇九年）。

（12）註（1）市村論文、註（1）佐々木著書第二章第一節「佐竹氏の南奥支配と東家義久の活動」（初出一九九五年）。この中で佐々木氏は、上意奉公を誓う起請文を被指南側が提出し、佐竹義久もしくは指南側が相手の進退について走り廻ることを誓えば、一般的に「指南」関係が成立すること、上意奉公を前提とする無二の「申合」を誓う文言が存在すれば、「指南」関係の成立あるいは確認に関する起請文と考えてよいこと、を指摘している。

(13)　沢井氏は、赤館氏・上館氏や泉氏とも呼ばれる(小豆畑毅「沢井・上館氏ノート」〈『石川史談』二、一九八六年〉)。本章では、沢井氏で統一して使用する。

(14)　安嶋氏は、南奥赤館が本拠と伝えられる(「安嶋近代覚書」、秋田県公文書館所蔵「元禄家伝文書」所収)。

(15)　「佐竹の乱」については、註(1)佐々木著書第一章第一節「佐竹義舜の太田城復帰と「佐竹の乱」」(初出一九九八年)を参照。

(16)　明応二年の和議を巡る政治情勢については、『常陸国石神城とその時代』第四章「中世領主の相克」(高橋裕文執筆分、東海村教育委員会、二〇〇〇年)を参照。この他、この和議に関連した起請文として、(明応二年)八月十六日付小野崎朝道・同親道連署起請文写、同日付江戸通雅起請文写、年月日未詳小野崎父子・江戸父子連署起請文案写、(明応二年)十二月二十七日付某(岩城氏ヵ)起請文案写がある(家蔵一〇№一〇一～一〇四、『茨城』Ⅳ所収)。

(17)　「佐竹の乱」における江戸氏の動向については、註(15)佐々木論文を参照。

(18)　註(1)市村論文。

(19)　戦国期の佐竹氏と那須氏の関係については、荒川善夫「那須氏の動向と存在形態」(同『戦国期北関東の地域権力』第三部第三章、岩田書院、一九九七年)を参照。

(20)　註(1)佐々木著書第二章第二節「北家義斯の活動」(初出一九九五年)。

(21)　天正三年六月二十二日付佐竹義久書状写(家蔵二九№八、『茨城』Ⅳ所収)。経緯については、今泉A論文を参照。

（22）この和睦は、佐竹氏の南奥進出・高野郡（現在の東白川郡一帯）支配が諸勢力に認知され、義舜以来の北方進出が一定の達成を見たことを意味する（註（1）佐々木「佐竹東義久の発給文書とその花押」）。
（23）（天正七年）二月二十一日付佐竹義重書状写（家蔵二五№九、『茨城』Ⅳ所収）。
（24）石川晴光・同昭光父子の離城・帰城の背景と経過については、小豆畑毅「南奥戦国領主の離城と帰城」（『戦国史研究』五九、二〇一〇年）を参照。
（25）石川一族の沢井氏は、ほぼ同時期に、佐竹氏と敵対する蘆名氏と起請文を取り交わし、両属状態となっている（永禄十年十一月十五日付蘆名盛氏起請文写・永禄十一年五月十六日付蘆名盛氏起請文写〈沢井八郎文書、『石川町史』第三巻資料編一〈以下『石川』と略す〉№三〇六・№三〇七〉）。
（26）石川一族の奥山（蓬田）氏は、表1№37と同時に、佐竹氏に属する岩城常隆とも起請文を取り交わし（蓬田家文書、『石川』№三七六）、また、それ以前の天正八年十二月二十七日には、佐竹氏と敵対する田村清顕とも起請文を取り交わしている（蓬田家文書、『石川』№三七一）。
（27）註（12）佐々木論文。なお大縄氏は、佐竹義篤の代以降、当主側近として活動する譜代化した佐竹一族である（大縄久照文書、『茨城』Ⅴ所収）。
（28）佐々木倫朗「〈史料を読む〉東京大学史料編纂所蔵『佐竹義重等誓紙写』について」（『日本史学集録』二八、二〇〇五年）。
（29）これらの起請文と連動して、同年二月二十日には佐竹氏に当時従属していた岩城常隆の起請文（註（28）所収）が、同年三月五日には蘆名氏宿老層四名の連署起請文（早稲田大学白川文書、『白河市史』第五巻資料編二古代・中世№九八四）が、白川氏へ提出されている。

(30) 武州文書(『千葉県の歴史』資料編中世四〈以下『千葉』と略す〉所収)。
(31) 千秋文庫所蔵「佐竹文書」(『上越市史』別編一上杉氏文書集一No.一一三六)。
(32) (天正七年)十月八日付武田勝頼書状写(国文学研究資料館史料館所蔵「紀伊国古文書」、『千葉』所収)には、「義重御誓詞給之欣越候、殊左(佐竹義斯)・中(佐竹義久)之両誓約被相添候」と記されている。
(33) 家蔵三No.七(『茨城』Ⅳ所収)。
(34) 家蔵二五No.一一(『茨城』Ⅳ所収)。
(35) 笠間氏が主家の宇都宮氏へ服属する過程においても、重臣芳賀高継が当主の国綱とともに、笠間氏と起請文を交換している(本書第三章)。
(36) 家臣層については、例えば、大縄讃岐守宛佐竹義久起請文(表1No.36)に「去年以誓書、猶向後可有入魂模様承候」と記されている。そのため家臣層も、先に佐竹氏側へ起請文を提出していたことが確認できる。
(37) 年代比定については、義昭の花押形(新田英治「中世文献調査報告(四)」〈『茨城県史研究』五四、一九八五年〉)と、天文十九年八月に和田氏が「掃部助」の官途を義昭から与えられたこと(「水府志料」所収文書、『茨城県史料』中世編Ⅱ所収)による。この点は、佐々木倫朗氏からご教示を得た。
(38) 註(24)小豆畑論文。
(39) 和田昭為は、元亀二年(一五七一)七月、車斯忠の讒言によって佐竹家から出奔するが、天正二年正月に宿老として復帰を果たす(『戦国人名辞典』所収「和田昭為」の項〈今泉徹執筆〉、吉川弘文館、二〇〇六年)。
(40) 註(12)佐々木論文。
(41) 史料6の年代比定、戦国期の上遠野氏の動向については、遠藤巌『遥かなる流れ』上遠野家系図上(上遠野達三郎氏私家版、一九八六年）を参照。

(42) この他、佐竹氏の起請文言を含む書状・判物には、表2№2・№7（史料5）・№15（史料6）・№20（後掲史料10）のように神文と罰文が記されたもの、神仏名に加えて「不可有偽候」と記されたもの（表2№6・№8・№13）等、様々な形式が見られる。

(43) 史料中には、「はかのしゆつとう《出頭》」等と記されている。宛所の「北」（佐竹北家の当主カ）は、表2№3が佐竹義篤晩年の頃のものと考えると、世代的に義斯の父・義廉にあたる可能性が高い。

(44) 表2№3については、文中に「一日よりすこしわつらひ候」と記され、花押影が確認できない。また、表2№5の花押影は、義昭晩年の永禄初年頃のものに形が似ているだけでなく（註(37)新田論文）、花押影の下に「黒印也」と注記されている。これを信じればこの花押は、病気等の特殊な事情に使用された版刻花押（佐藤博信「中世東国における版刻花押について」〈『千葉県史研究』一五、二〇〇七年〉）と推定される。

(45) 発給の具体的な背景については、正案を得ない。

(46) 註(1)今泉B論文。

(47) 文書の伝来や、道堅の進退に働きかけができる人物であることから推測すると、「石川七郎」は、石川一族の浅川氏である可能性が高い。この点は、小豆畑毅氏からご教示を得た。

(48) 道堅は、ほぼ同時期に、蘆名盛隆からも起請文言を含む書状を発給され、奥太郎の進退を保証されている（泉小太郎文書、『石川』№三六二）。

(49) 佐竹氏による岩城領仕置の背景については、当該期の岩城氏当主親隆の重病等が指摘されている（『いわき市史』第一巻〈原始・古代・中世〉第三章第三節「佐竹勢力の浸透と岩城氏の衰微」、小林清治執筆分、一九八六年）。

(50) 註(10)佐々木論文。

(51) 大窪氏の東家家中内での地位・役割については、市村高男「佐竹家臣大窪氏と大久保城跡」(『日立市郷土博物館紀要』七、一九八八年)を参照。

(52) 同様な手続で発給されたものとして、佐竹氏には、次のような書状が見られる。

　尚々

此度以誓書申上候、神妙之至候、向後相応之儀、無隔心可申付候、縦有佞人其身所申尤儀候共、直ニ相尋可及理候、殊ニ部垂人数其外刷之儀、向後無別条候、人数等走廻之儀、無如在可致之候、謹言、

元亀二年

　三月十八日　　義重(佐竹)(花押影)

　　(封墨引影)

　　根本紀伊守殿

(家蔵四六№一〇、『茨城』Ｖ所収)

前述した和田昭為出奔事件による家中の動揺を背景として、佐竹義重が、側近の根本氏に部垂衆の統率等を命じた書状である。「佞人」の言を糾明する等の佐竹氏起請文に特有な文言が見られ、根本氏の「誓書」提出に対する返書の形式で記されている。ほぼ同時期に、小貫采女佑(宿老小貫氏庶流)にも同形式の書状が宛てられている(家蔵四三№二〇、『茨城』Ｖ所収)。佐竹氏の場合、神文・罰文等が記されていないものの、このような起請文の機能を有する書状も、宗家側近等に複数発給されているのが確認できる(家蔵一六№一〇・『茨城』Ⅳ所収、家蔵四三№一九・『茨城』Ｖ所収等)。

(53) 註(12)佐々木論文。

(54) 佐竹義久の花押の分類・返還については、註(1)佐々木「佐竹東義久の発給文書とその花押」を参照。

(55) 後北条氏の「指南」については、黒田基樹「戦国大名北条氏の他国衆統制(一)」(同『戦国大名領国の支配構造』第一章、岩田書院、一九九七年、初出一九九六年)を参照。
(56) 佐藤進一『〔新版〕古文書学入門』(法政大学出版局、一九九七年)。
(57) 佐々木倫朗氏の研究によると、戦国後期の佐竹氏の権力構造は、宗家自身の支配に属する家中と宗家から一定の自立した領主支配を容認された有力一族・国衆層、さらにその外側に様々な動きの中で佐竹氏の影響下に入りつつある領主層が位置し、三重の構造を持っていたという(註(1)佐々木著者第二章第三節「三家の政治的位置」、初出二〇〇四年)。
(58) 註(1)市村論文。
(59) 註(1)佐々木著書第三章第一節「佐竹氏領国内編成の地域的偏差」(初出一九九二年)。この場合の書状形式とは、書止文言に「恐々謹言」形を使用しているものを指しているとみられる。
(60) 史料残存の状況も考慮すべきではあるが、起請文言を含む書状は、佐竹氏以外の北関東の地域勢力には僅かしか確認できない。例えば、宇都宮氏については、三月十八日付祖母井定久書状(瀧田文書、『栃木県史』史料編中世一所収)が該当し、また、結城氏については、結城氏当主(政勝・晴朝)が乗国寺へ宛てた書状の中に若干見られる(乗国寺文書、市村高男「『下総崎房秋葉孫兵衛旧蔵模写文書集』の紹介(二)」〈『中央学院大学教養論叢』五―一、一九九二年〉)。

第五章　後北条氏の起請文発給・受給形態

はじめに

本章では、後北条氏を事例に、起請文とその関連文書を検討することで、戦国期地域権力の権力編成の一端について、言及する。

後北条氏起請文の内容・手続等については、黒田基樹氏の研究がある。氏は、起請文交換の手続として、起請文条文の内容交渉、双方からの案文の提示・作成、「血判の証人」という相手側使者の眼前で血判を据える、等を明らかにした(1)。さらに、後北条氏・国衆間において、後北条氏が援軍の派遣、進退の保証等を誓約したことに対し、国衆が忠節や走廻を誓約したこと、統制・従属関係が形成されるたびに起請文を交換したこと、「指南」(御一家衆・宿老)も国衆と起請文を交換し、国衆の進退の保全を担うこと、等を指摘している(2)。

ここでは、黒田氏の研究を受け、後北条氏(ここでは当主・一族・重臣層を指す)の起請文と起請文言を含む判物・書状を全て検出し、内容・発給契機等を比較検討する(3)。さらに、後北条氏に属する領主層への起請文案文の送付過程に注目し、起請文徴収手続の特徴について具体的に述べていくこととしたい。

一　後北条氏の起請文

はじめに、後北条氏の起請文を検出し、起請文の内容・発給契機等の特徴について検討する（表1参照、番号は表と対応、以下同じ）。後北条氏の牛玉宝印を使用した起請文原本については、下総の簗田氏と野田氏、上野の由良氏、南奥の白川氏、越後の上杉氏宛が確認できる。これらの中には、血判が据えられているものも見られる（表1「牛玉」「血判」）。また、起請文写については、下総の土豪とみられる瀬上氏宛が残されている（表1No.13）[4]。なお、後北条氏重臣層が発給した起請文については、管見の限り、確認できない。

まず、古河公方家宿老中筆頭であった簗田氏宛については[5]、天文八年（一五三九）八月に足利晴氏が北条氏綱娘（芳春院殿、足利義氏母）を正室に迎える際、祝言をめぐる起請文を氏綱は当主の高助と取り交わし（表1No.1）、天文十二年十一月には、北条氏綱から氏康への代替わりを契機として、諸事申し合わせる旨を氏康は高助と誓約している（表1No.2）。その後、後北条氏と簗田氏の関係は、高助から晴助への代替わり後に大きな変化を遂げる。後北条氏の政治的圧力下で、天文二十年十二月の足利晴氏から義氏への公方交替の際、氏康は公方家臣団の動揺を抑えるため、簗田氏の進退保証等を誓約している（表1No.3・No.4）。また、永禄元年（一五五八）四月には、義氏の居所として簗田氏居城の関宿城を進上させる際、公方居城の古河城を簗田氏へ代わりに与え、簗田家中の仕置権を承認することを誓っている（表1No.5）。さらに、永禄八年三月の第一次関宿合戦後、足利義氏・後北条氏と簗田氏が和睦する際、氏政は簗田氏の救援や本知行等の安堵、進退保証等を誓約した起請文を簗田晴助・同持助父子へそれぞれ与えるとともに（表1No.8・No.9）、簗田氏の「指南」である氏照も、簗田晴助・同持助父子の進退について周旋を行うことを誓約した（表1No.11）。氏照の起請文は、氏政の起請文とほぼ同時に簗田氏へ発給されており、国衆の進退の保全を担うと言われる「指南」の役割の一端を如実に示している。

由良氏宛については、由良氏が上杉氏から後北条氏へ再帰属する際[6]、氏康・氏政父子は援軍派遣、進退を保証する旨を誓約している(表1No.7)。また、野田氏宛については、北条氏照の栗橋城領有化後に出されたもので、氏照は義氏への訴状取次、進退保証と引き換えに、野田氏に本領・居城であった栗橋を望まない旨を誓約させている[7](表1No.12)。白川氏宛は、後北条・白川氏間の盟約に関連したもので、別心無い申し合わせを誓約している(表1No.6)。また、上杉氏宛については、越相同盟後の交渉の際に出されたもので、領土協定、出兵、北条三郎(後の景虎)の入嗣の件等が条文に記されている(表1No.10)。

表1　後北条氏起請文

(1)当　主

No.	年月日	形態	発給者	宛所	誓約内容	牛玉	血判	出典
1	天文八・八・一三	原	北条氏綱	簗田中務太輔殿	祝言の件。諸事相談の上、少しも無沙汰ない。	○	×	簗田家文書『千葉』
2	天文一二・一一・二一	原	北条氏康	簗田中務太輔殿	諸事申し合わせる。難儀の時は見捨てない等。	○	×	簗田家文書『千葉』
3	天文二〇・一二・一一	原	北条氏康	簗田中務太輔殿	以後無沙汰ない。(簗田氏の)足利義氏への忠誠。進退保証等。	○	○	簗田家文書『千葉』
4	天文二〇・一二・一一	案	北条氏康	簗田中務太輔殿	右と同じ。	○	×	簗田家文書『関宿』四号
5	永禄元・四・一一	原	北条氏康	簗田中務太輔殿	関宿城を足利義氏へ六月中に献上。古河城を付与。知行安堵、簗田家中の仕置権の承認等。	○	×	簗田家文書『千葉』

No.	年月日	形態	発給者	宛所	誓約内容	牛玉	血判	出典
6	永禄六・二・二	原	北条氏康	白川殿	別心無く申し合わせる。	○	×	早大白川文書『白河』八七二号
7	永禄九・九・五	原	北条氏康 北条氏政	横瀬信濃守殿・同六郎殿	以後等閑無い。救援。佞人の言を糾明。	○	×	由良文書『群馬』二三二六号
8	永禄一〇・四・一八	原	北条氏政	簗田八郎殿	救援、紛争の裁許。本知行等の安堵、境相論の裁許。家中等を引き分けない。小田原参府の際に抑留しない等。	○	○	簗田家文書『千葉』
9	永禄一〇・四・一八	原	北条氏政	簗田中務太輔入道殿	(右記内容に加え)相馬領・守谷城領有の斡旋。	○	○	簗田家文書『千葉』
10	(永禄一三)二・一八	原	北条氏康 北条氏政	山内殿	岩付領を上杉氏へ譲渡、上杉氏の出兵、太田資正の件。三郎入嗣の件等。	○	×	上杉家文書『新潟』一〇二一号

(2) 一族

No.	年月日	形態	発給者	宛所	誓約内容	牛玉	血判	出典
11	(永禄一〇カ)四・一七	原	北条氏照	中務入道殿・八郎殿御宿所	足利義氏と氏康・氏政が別心無いことを見届ける。進退保証。	○	○カ	簗田家文書『千葉』
12	(永禄一一)五・八	原	北条氏照	右馬助殿	足利義氏への訴状取次・披露。進退保証。野田氏が栗橋城領有を望まない。	○	○	野田家文書『古河』六〇号
13	天正五・七・四	写	北条氏繁	瀬上太郎右衛門殿	飯沼城在城中の忠節により引き立てる。	不詳	不詳	士林証文二『戦北』一九二四号

凡例

1　形態について、「原」は原本を示す。「写」は東京大学史料編纂所所蔵謄写本で確認した。

2　牛玉・血判について、原本の実見によって確認できたものを○、原本の実見によって確認できなかったものを×とする。原本が確認できず、写にもその記載が見られないものについては、不詳とした。

3　出典について、『千葉』は『千葉県の歴史』資料編中世四、『関宿』は千葉県立関宿城博物館史料集一『簗田家文書』、『白河』は『白河市史』第五巻資料編二古代・中世、『群馬』は『群馬県史』資料編七中世三、『新潟』は『新潟県史』資料編三中世編一、『古河』は、古河歴史博物館資料調査報告『野田家文書』、『戦北』は『戦国遺文　後北条氏編』の略。

瀬上氏宛（表1№13）は、当時は飯沼城代であった一門の北条氏繁が発給したもので、瀬上氏が飯沼城在城中に忠節を尽くせば引き立てることを誓約している。天正五年（一五七七）六月に、結城氏が後北条氏から離反し佐竹方になる等、後北条氏の戦略配置の中で常陸方面の攻略が課題となり、そのため、飯沼城周辺の防御を固め軍事動員する必要性が生じていた[8]。

以上の点をまとめると、後北条氏の起請文は、古河公方家との婚姻、古河公方の交替や当主の代替わり、古河公方の関宿移座、領主層の後北条氏への従属、領主間の和睦・同盟等を契機として発給されたことがわかる。このうち、表1№2～№5は、簗田氏側からの起請文提出、表1№6は白川氏側からの起請文提出、表1№12は野田氏側からの詫言を受けて発給されたことが史料からうかがえる。起請文の内容は、白川氏宛が申し合わせ、上杉氏宛が領土の割譲、養子の入嗣等、ほぼ対等な政治的交渉の中身が見られる一方、簗田・由良・野田・瀬上氏宛は、後北条氏が優位に立ち、彼らの進退・知行等を保証するものであることが確認できる。

二　後北条氏の起請文言を含む判物・書状

本節では、後北条氏の起請文言を含む判物・書状の特徴について、第一節同様、検討する（表2参照、番号は表と対応、以下同じ）。

〔史料1〕

雖先段申断、此□□〔度之ヵ〕一戦無二無三存詰□〔候〕間、重而申断候、人衆之儀相調、一途ニ喝粉骨、可被走廻候、就遂本意者、恩賞者可任望候、於家中人此度抛身命可走廻候、何ニも戦功次第可引立候、所無偽八幡大菩薩可有照覧者也、

元亀二年辛未
正月六日　　　　氏政（北条）（花押影）
江戸刑部少輔殿

〔史料2〕
臼井峠江有還住而、小諸へ之往行万端ニ付而、厳密ニ可被走廻由、誠以肝要ニ存候、殊ニ以誓詞血判承之条、真実之至本望候、此上弥至于入魂者、以徳斎御父子同前一意趣必々可申合候、八幡大井御照覧候へ、不可有偽候者也、仍如件、
（天正十一年）
未卯月五日　　　　政繁（大道寺）（花押影）
峠佐藤織部丞殿

史料1（表2No.5）と史料2（表2No.13）は、後北条氏の起請文言を含む判物である。史料1は、武田氏との駿河御厨地域の防衛拠点である深沢城を巡る攻防の際に発給されたものの一つである。北条氏政が世田谷城主吉良氏朝の家臣江戸形部少輔に対し、戦功次第で恩賞を与え、家中も引き立てる旨を誓約している。この史料の形式的な特徴は、後半の「所無偽八幡大菩薩可有照覧者也」であり、罰文の中の自己呪詛文言が明確に記されていない等、定型的な起請文の神文・罰文より略式的な形式となっている。この史料とほぼ同時期に、同様の内容・形式で発給されたものとして、後北条氏家臣の荒川善左衛門尉宛（表2No.6）、今川氏真の家臣小倉内蔵助宛（表2No.7）が見られ、このような恩賞付与・進退保証を主旨とする同形式の判物が、この時期に多数発給されたことがわかる。史料1は、影写本でしか確認できないが、形状は横切紙（元折紙ヵ）であるため、牛玉宝印を使用していたとは考えにくい。(9) 内容・形式が酷似している表2No.6・No.7も、牛玉宝印が使用されたものでないと考えてよいだろう。

また史料2（表2No.13）は、後北条氏重臣で当該期に小諸城代であった大道寺政繁が、碓氷峠の佐藤織部丞[10]へ佐藤以徳斎父子（織部丞の一族カ）同様、今後申し合わせることを誓約したものである。天正壬午の乱後、天正十年十月に後北条・徳川国分協定がなされたが、境目の佐久郡では依然として「郡中取合」（現地勢力間の戦争）が行われていた[11]。この史料は、佐藤氏が大道寺氏に小諸への往行が確保されるよう走廻ることを誓う血判起請文を事前に提出し、それに対する返書という形式で発給されているため、起請文の機能をもつものである[12]。この史料の神文・罰文も、史料1と同様に、略式的な神仏名（八幡大井）＋照覧という形式で記されている。

さらに、表2No.9は、天正六年に勃発した上杉景虎と上杉景勝の御館の乱を契機として、北条氏政が上杉氏重臣で沼田城将であった河田重親へ宛てたものである。重親がいち早く景虎方として越後上田荘へ先衆を派遣したことを賞し、沼田城と所領の安堵等を誓約している[13]。この場合も、史料1・2同様、神文等が「無偽処八幡大菩薩可有照覧者也」と記されている。

判物にはこの他、一門の宗哲が宗家家臣の板部岡江雪斎へ宛てた、古今伝授に関わる証文が見られる（表2No.11）[14]。

表2　後北条氏の起請文言を含む判物・書状

(1)当主

No.	年月日	形態	発給者	宛所	誓約内容	出典
1	（天文六カ）五・二三	書状 原	北条氏綱	東慶寺いふ侍者	足利義明への忠誠。	東慶寺文書『小北』一一一号
2	（天文一〇カ）七・一六	書状 写	北条氏康	垪和殿	子孫に至る進退保証。	垪和氏古文書『小北』一〇六一号
3	（永禄三）一〇・九	書状 写	北条氏康	太田美濃守殿	古河公方相伴衆への推挙等。	歴代古案三『小北』四五三号

No.	年月日	形態	発給者	宛所	誓約内容	出典
4	(永禄一三)四・二七	書状 原	北条氏康	松本石見守殿	輝虎越山の件。	上杉家文書『小北』八二六号
5	元亀二・一・六	判物 写	北条氏政	江戸形部少輔殿	戦功次第で恩賞を与え、家中も引き立てる。	江戸文書『小北』九九四号
6	元亀二・一・七	判物 写	北条氏政	荒川善左衛門尉殿	戦功次第で恩賞を与え、同心・被官も引き立てる。	新編会津風土記四『小北』九九七号
7	元亀二・一・七	判物 写	北条氏政	小倉内蔵助殿	戦功次第で恩賞を与える。	小倉文書『小北』九九八号
8	(元亀二)一・二〇	書状 原	北条氏政	山内殿・三郎殿	深沢城開城の弁明。	新田茂雄氏所蔵文書『小北』一〇〇三号
9	天正六・六・一二	判物 写	北条氏政	河田伯耆守殿	沼田城と所領の安堵。	伊佐早謙採集文書六『小北』一二八三号
10	(天正一四カ)六・三	書状 写	北条氏直	小兵衛尉殿	氏直一代における進退保証。	小幡文書『小北』一三六四号

(2)一族

No.	年月日	形態	発給者	宛所	誓約内容	出典
11	天正八・三・一	判物 原	宗哲	江雪斎参	古今伝授。	陽明文庫所蔵文書『小田原』三九九号

(3)重臣

No.	年月日	形態	発給者	宛所	誓約内容	出典
12	(年未詳)七・二三	書状 写	垪和康忠	天神嶋人々御中	月輪院上洛、屋敷寄進の件。	寺院証文一『戦北』四二〇〇号
13	(天正一二)四・五	判物 写	大道寺政繁	峠佐藤織部丞殿	小諸への往行を賞し、(佐藤)以徳斎父子同様、今後申し合わせる。	諸州古文書一一『戦北』二五二〇号

※『小北』は『小田原市史』資料編中世Ⅱ小田原北条一・同書資料編中世Ⅲ小田原北条二の略、『小田原』は『小田原市史』史料編原始古代中世Ⅰの略。その他の表の見方は「表1　後北条氏起請文」と同じ。

以上、起請文言を含む判物については、牛玉宝印の使用や血判は確認できず、主に軍事的緊張下において、領主層への恩賞付与、進退や所領の保証等を目的に発給されていたことがわかる。名宛人については、瀬上氏（表1№13）を除く表1の起請文受給者より身分・家格が比較的低い領主層が多い（表2№5〜№7・№13）。発給手続については、史料2（表2№13）は起請文提出を受けての発給であることが明らかであるが、その他の史料については事前に起請文が提出されているかどうか、判然としない。また、案文の送付については、管見の限り確認できない。

次に、起請文言を含む書状について、次の二点の史料を例に検討したい。

〔史料3〕

猶以、如此其方懇切之上ハ、其方子孫においても、諸事□□〔とうカ〕かんなく見次可申候、鶴岡八幡もせうらん候へ、不可偽有之候、

以彼入道承候子細、誠忝候、併氏元(葛山)以(マヽ)為如此承候、此上□可有之而可然候ハん哉、□安可承候、猶以きとくの子細承候、前々数度血判にあつかり候しるしたるへく候、恐々謹言、

七月十六日　氏康(北条)（花押影）

垪和殿

〔史料4〕

正月五日之御状、今廿日於号駿州御厨地披見、本望此事候、然者深沢之事、内々御越山待請申合可及後詰由存候処、要害地盤悪地、三十余日昼夜攻詰、一曲輪ニ被成候之条、可引助由存、為後詰去十日小田原を打立、敵陣五里之内寄詰候処、敵金鑿を入、本城外張迄鑿崩を、城主不待後詰、不及了簡、以自分之扱、去十六令出城候、氏政(北条)存候而致扱儀努々無之候、於偽者八幡大菩薩・愛宕権現・三嶋大明神御罰忽可被蒙候、就中、敵要害致再興候歟、

于今深沢ニ在陣、毎日双方出備爰元遠候、一理ニ候、於此上も早々御越山所希候、誠深雪馬足難相叶所、淵底致分別無御余儀候、恐々謹言、

（元亀二年）正月廿日　　氏政（北条）（花押）

山内殿（上杉謙信）

三郎殿（上杉景虎）

史料3（表2№2）は、北条氏康が重臣の「垪和殿」[15]に対して、忠信に対する見返りとして子孫に至るまでの扶助、すなわち進退保証を誓約したものである。北条氏綱が天文十年七月に死去して[16]いることから、この史料はそれ以降のもので、氏康への代替わりを契機として、家臣との主従関係を確認するために出されたものの一つとみられる。この史料は、追而書に起請文言が記されており、略式的ではあるが、垪和氏がたびたび血判起請文を北条氏へ提出していることを受け、それに対する返書として発給されている。この史料の場合、後北条氏が進退保証を誓約しているので、垪和氏が提出した起請文の内容は、おそらく後北条氏への忠信・奉公を誓ったものであろう。上野の小幡氏へ宛てた表2№10についても、直接的な契機は判然としないが、史料3同様進退保証を目的として発給され、氏直一代において無沙汰にしないことが記されている[17]。

続いて、史料4（表2№8）を検討する。この史料は、史料1（表2№5）等が発給された後、武田氏の深沢城攻めによる開城を契機として出されたものである。神文・罰文が記されているものの、書状の途中でそれらが記されている点で、定型的な起請文とは異なる形式である。氏政が上杉謙信と養子の景虎に対し、深沢城が開城したのは、武田の金掘衆が本丸外郭まで掘り崩す等の窮状下で、城主北条綱成が後詰を待たず自分の意思で出城したためであり、氏政の命令によるものでない、と誓っている。深沢城開城の理由を弁明する部分を起請形式とすることで、早期の上杉勢越

山を懇願していることがうかがえる。こうした比較的長文の形式で誓約したものとしては、他に表2№3・№4・№12がある。

表2№3は、氏康が後北条氏に忠節の姿勢を示さない太田資正に対し、古河公方相伴衆へ推挙すること等を約束し、長尾景虎攻撃のため出陣するよう求めたものである。背景としては、永禄三年九月以降の景虎の関東侵攻が考えられ、その後資正は氏康の願いもかなわず景虎方となっていく[18]。また、表2№4は、対武田氏を念頭においた越相同盟の交渉過程で、氏康が上杉氏重臣の松本景繁(当時は沼田在城衆)[19]へ宛てたものである。上野を上杉・北条で半国ずつ領有することを要求する主旨で、信濃へ上杉輝虎が出陣すれば、北条氏政は甲斐へ侵攻すること、掛川城は兵糧が尽きたので、今川氏真が輝虎の越山を催促していることに偽りないこと、を誓っている。さらに、表2№12は、後北条氏家臣の垪和氏[20]が天神嶋城の一色氏へ宛てたもので、月輪院配下の不動院と小田原玉瀧坊の対立が根底にある[21]。月輪院上洛の件で、不動院が月輪院へ有利に働きかけたため、それを糾弾する主旨が述べられている。

この他、表2№1は、氏綱が鎌倉東慶寺主である渭継尼(古河公方足利政氏娘、小弓公方足利義明妹)に対して、足利義明との和睦成立を謝し、義明への忠誠を誓ったものである。天文三～六年にかけて、上総真里谷武田恕鑑の後継を巡り子息の信隆(後北条氏が支援)と信応(足利義明が支援)が抗争した結果、信応側が勝利した。後北条氏はその戦後処理のため、渭継尼を介して足利義明へ調停工作を行っていたのである[22]。なお、この史料は女性宛であるためか、仮名混じり文で記されている。

後北条氏の起請文言を含む書状は、当主の代替わり、軍事的危機等を背景として、進退保証や和睦の他、依頼や弁明等を目的として内容に偽りがないことを強調するために発給されたことが確認できる。原本並びに写の注記を見る限り、牛玉宝印の使用や血判は見られない。また、発給手続については、史料3(表2№2)のように、領主層からの起請文提出を受けて、それに対する返書という形式で発給される場合の他、一方で表2№3・№4のように、後北条氏側からの強い働きかけを示す書状もみられる。さらに、案文が取り交わされたこと、起請文や他の判物・書状と連動して発給されたことは確認できない。

三　後北条氏の起請文徴収手続

最後に、後北条氏に属する領主層からの起請文徴収手続について、史料5～7を中心に考察する。

〔史料5〕(23)

一来調儀、当家之是非与深思給候、無二可有一戦之支度事、一誓詞之案書進候、同意ニ付而者、誓詞を可被越候、

一同心衆へも二三通別紙ニ遣候、是者一人も人衆過上ニ召連候へ与之儀ニ候、一出馬盆前後、追而日限可申遣候、

此度ニ相極候条、猶始中終可被相稼候、例式ニ有覚悟者、不可有曲候、恐々謹言、

（天正二年）七月四日　（北条）氏政（花押）

（北条氏秀）治部少輔殿

〔史料6〕(24)

足柄当番之事、

一役所者、従已前如定来、番帳を御覧、被相定尤候事、

一諸法度此已前ニ不可替歟、番帳を御覧、有勘弁御仕置尤候事、

一改而山之法度を申付候、猪鼻ニ一枚、小足柄ニ一枚有之、彼文言能々有被見、手堅可有□〔下カ〕知候、第一之仕置候、

然者彼板ニ自先番付置人之交名之紙取之、其方衆之内紙ニ札を書、被張付尤候、
付、彼奉行可致誓詞案文渡進事、
（中略）
右、定所如件、
（天正十年）
壬午　五月八日（虎朱印）
（北条氏光）
右衛門佐殿

〔史料7〕(25)

敬白起請文之事、
右意趣者、今度内藤ニ被指加候条、如彼作意之、是にも非にも可走廻候、第一者御法度、聊無相違相守可走廻候、
（中略）
松田衆
窪田又右衛門尉
上田衆
金子紀伊守
臼井衆
宍倉兵庫助
酒井伯耆衆
平山源左衛門尉

史料5は、上杉勢力の拠点である上野厩橋城攻め、あるいは下総関宿城攻めを背景として(26)、北条氏政が江戸城代を務める一門の北条氏秀へ宛てたものである。二条目には城攻めに際して誓詞の案文を送るので、同意したら誓詞を氏

政へ提出すること、三条目にはより多くの軍勢動員のため氏秀の「同心衆」へも「別紙」を送付したこと、等が記されている。「同心衆」は、氏秀配下の江戸衆である遠山・富永・嶋津・伊丹氏等を指し[27]、「別紙」は起請文の案文とも読み取れる。大規模な攻城戦に際し、当主から一門等へ起請文提出が要求されていることがわかる[28]。

また、史料6は、後北条氏一門である北条氏光が足柄城の番役を引き継ぐ際、北条本家が山法度を与え、駿河方面の山の管理を厳重に行うよう命じたものである。天正十年三月の武田氏滅亡、後北条氏の駿河領有によって、足柄城が織田方の徳川領との境目に位置付けられるという軍事的緊張下で出されたものとみられる[29]。特に注目すべきなのは、三条目の付けたりの部分で、山の管理を担当する「彼奉行」へ起請文を書くための案文を渡すよう指示されている点である。「彼奉行」は北条家から派遣された奉行人、あるいは氏光配下の上層武士とみられ、北条本家が一門の氏光を通じて案文の送付、起請文の徴収を行っていることが指摘できる。

最後に、史料7について言及する。この史料は、東京大学史料編纂所所蔵写真帳を見る限り写とみられ、特に、神文・罰文が記されていないため、厳密には起請文案の写と思われる。宛所は記されていないが、本来は北条家当主、あるいは北条家奉行人へ宛てられたものである。戦国期東国には、この史料のように「衆」の構成員が地域権力へ提出した起請文は、管見の限りほとんど見られないため、本来上申文書とされる起請文の内容を直接的に示す事例として重要である[30]。なお、この史料の年代・発給契機等は判然としないが、史料に記されている人名を勘案すれば、天正期頃のものとみられる。

この史料は、松田憲秀の「指南」下とされる松田衆の窪田氏、上田衆の金子氏、臼井衆の宍倉氏、酒井伯耆衆の平山氏が、津久井城主内藤氏の軍事指揮下に属し、後北条氏の「御法度」に従って走り廻ることを誓ったものである[31]。注目すべきなのは、地域的に異なる「衆」が連署している点であり、しかも、これらの領主がそれぞれの衆の統率者ではなく、重臣や同心クラスとみられることである。後北条氏の場合、案文送付と起請文徴収が「衆」の構成員にまで及んでいたことが指摘できよう。こうした起請文は最終的には北条本家に集められたと推定され、史料6同様、北条本家が「指南」の松田氏を通じて案文送付と起請文徴収を行っていたことが可能性として考えられる。

おわりに

後北条氏は、主に地域権力間における勢力関係の変化を契機として、東国武家社会の中で比較的礼的秩序が高い領主層宛に牛玉宝印を使用した起請文を発給した。その一方で、服属する領主の進退や所領等を保証する際、起請文言が主に神仏名＋照覧の形式である判物、あるいは、進退の保証や和睦、依頼や弁明等を目的として、起請文言を含む書状を発給する場合が見られる。起請文言を含む判物・書状の場合、案文の送付等は確認できないため、起請文よりも略式的な形式と言える。後北条氏は、受給者との関係、誓約内容、発給目的等によって、起請文または起請文言を含む判物・書状を発給していたことが推測される。

特に、起請文の徴収手続については、攻城戦、番役引継等の際、最終的に北条本家へ起請文を集めるため、当主が一門に案文を送り起請文を徴収することを確認し、さらに、当主の意向を受けた一門・重臣層を通じて、服属する領主等に対し案文送付・起請文徴収を行っている点を見通した。この点は後北条氏が、領主層との個別的な関係に基づく起請文交換の他、上からの指揮命令系統に基づく起請文徴収を行っていたことを示すものと言えよう。

註

（1）黒田基樹「宣戦と和睦」（同『中近世移行期の大名権力と村落』第一部第二章、校倉書房、二〇〇三年、初出二〇〇〇年）。

（2）黒田基樹「戦国大名北条氏の他国衆統制（一）」（同『戦国大名領国の支配構造』第一章、岩田書院、一九九七年、初出一九九六年）。なお、黒田基樹「松田憲秀に関する一考察」（同書第三章、初出一九九二年）も、後北条氏の「指南」の役割について詳述している。

（3）古河公方関係者が発給したものについては、表に掲出しておらず、本章では検討の対象としていない。なお、佐藤博信氏は、古河公方関係者の「八幡大菩薩」「誓詞」等の文言を含む文書を契状と仮称している（「古河公方足利義氏と東国」〈葛飾区郷土と天文の博物館編『葛西城と古河公方足利義氏』所収、雄山閣、二〇一〇年〉）。

（4）『戦国遺文　後北条氏編』（以下『戦北』と略す）では、この史料を「判物写」としているが、前書と神文・罰文が記され、書止文言が「如件」であるため、本章では起請文に分類している。

（5）後北条氏と簗田氏の政治的関係については、佐藤博信「簗田氏の研究」（同『古河公方足利氏の研究』第三部第二章、校倉書房、一九八九年、初出一九八一年）を参照。

（6）黒田基樹「由良氏の研究」（同『〔増補改訂〕戦国大名と外様国衆』第八章、戎光祥出版、二〇一五年、初出一九九七年）。

（7）北条氏照と野田氏の政治的関係については、新井浩文「幸手一色氏と栗橋野田氏」（同『関東の戦国期領主と流通』第二部第五章、岩田書院、二〇一一年、初出二〇〇六年）を参照。

（8）黒田基樹「北条氏繁と飯沼城」（同『古河公方と北条氏』第八章、岩田書院、二〇一二年、初出一九九八年）。

（9）牛玉宝印を使用した起請文の法量は、縦二〇㌢前半×横三〇㌢前半のものが多い（本書第一章・第二章）。なお、江戸文書（東京大学史料編纂所所蔵影写本）には、牛玉宝印の使用は注記されていない。

（10）佐藤氏は、坂本宿随一の存在で、「運輸業を主要な生業とする百姓（町人・地主）集団」であったという（簗瀬大輔「松井田衆と碓氷峠の地域社会」〈『信濃』六六―一二、二〇一四年〉）。

（11）竹井英文「戦国・織豊期東国の国分と地域社会」（同『織豊政権と東国社会』第三章、吉川弘文館、二〇一二年、初出二〇〇九年）。

（12）黒田基樹氏は、「北条氏からの起請文発給は有力他国衆に限られていた可能性が高く、中小他国衆の場合は、他国衆側からの起請文提出に止まっていたとみられる」と述べている（註（6）黒田著書終章「戦国期外様国衆論」、初出一九九六年）。この指摘を踏まえると、史料2が定型的な起請文と異なる形式で発給されたのは、大道寺・佐藤氏間の身分・家格の差によるものと思われる。なお、管見の限りではあるが、戦国期東国の地域権力が発給した起請文に血判が据えられている場合、料紙には牛玉宝印が使用されているのが通例である。この点は、本書第四章を参照。

（13）当該期の河田重親の動向については、栗原修「沼田城代河田重親と御館の乱」（同『戦国期上杉・武田氏の上野支配』第二編第三章、岩田書院、二〇一〇年、初出一九九五年）。表2№9とほぼ同文の写である「覚上公御書集」巻一（『覚上公御書集』上所収、臨川書店、一九九九年）は、発給者を氏邦としているが、伊佐早謙採集文書（上杉文書）六の方が文言が正確であり、文書の内容からみても発給者は「氏政」と判断されている（註（6）黒田著書付論三「天正期の甲・相関係」、初出一九九一年）。

（14）この史料の文末は、「於偽申者、仏祖師家可蒙恩罰者也、仍不偽所如件」と記されており、起請文の神仏名にあたるものが「仏祖師家」であるため、本章では起請文言を含む判物とした。また、写真版で見る限り、この史料には牛玉宝印は使用されていない（新井栄蔵「陽明文庫蔵古今伝授資料」〈『国語国文』四六―一、一九七七年〉）。
(15) 黒田基樹「駿河葛山氏と北条氏」（註（2）同著書第十三章）は、「垪和殿」が河東一乱以降駿河御厨の領主で、垪和氏堯にあたる可能性が高いこと、当該期の垪和氏が北条氏の重臣であると同時に今川領国下での国衆でもあったこと、等を指摘している。
(16) 北条家過去帳（『小田原市史』史料編原始古代中世Ⅰ№四四一）。
(17) 黒田基樹「小幡氏の研究」（註（6）同著書第一章、初出一九九二年）所掲の小幡氏発給・受給文書目録は、本史料を「天正十四年ヵ」とする。
(18) 黒田基樹「岩付太田氏の系譜と動向」（同編『岩付太田氏』、岩田書院、二〇一三年）。
(19) 越相同盟において沼田在城衆が果たした役割については、註（13）栗原著書第一編第四章「上杉氏の沼田城支配と在城衆」（初出一九九三年）を参照。
(20) 黒田基樹氏は、当該期、垪和康忠が岩付領担当奉行人（奏者）であった点を明らかにしている（「北条氏の岩付領支配」〈同『戦国大名北条氏の領国支配』第八章、岩田書院、一九九五年、初出一九八九年〉）。
(21) 新井浩文「幸手一色氏と修験不動院」（註（7）同著書第二部第三章、初出一九九二年）。新井氏は、この史料の年代を天正六～八年頃と推定している。
(22) 佐藤博信「房総における天文の内乱の歴史的位置」（同『中世東国政治史論』第三章、塙書房、二〇〇六年、初出一九九一年）。
(23) 森田周作氏所蔵文書（『小田原市史』通史編原始古代中世別冊付録補遺№四五）。
(24) 神原武男氏所蔵文書（『小田原市史』史料編中世Ⅲ〈以下『小田原』と略す〉№一四三二）。

（25）　宍倉文書（『戦北』№四一一七）。

（26）　関連するものとして、八月十二日付北条氏照書状（名古屋大学文学部所蔵文書、『戦北』№一七一八）、八月二十五日付北条氏政書状写（川邉氏旧記三、『小田原』№一一六二）、八月十日付簗田持助書状（小田部好伸氏所蔵文書、『千葉県の歴史』資料編中世四所収）等がある。

（27）　江戸衆の構成については、佐脇栄智校注『小田原衆所領役帳』（東京堂出版、一九九八年）を参照。

（28）　註（1）黒田論文は、この場合提出される起請文が「内容的には上級者からの命令に応じるという請文にほかならない」と述べている。

（29）　当該期の足柄城を取り巻く情勢については、『小山町史』第六巻原始古代中世通史編第十五章「足柄城と深沢城」（池上裕子執筆分、一九九六年）、『南足柄市史』六通史編Ⅰ第三章「戦国時代の南足柄」（岩崎宗純執筆分、一九九八年）を参照。

（30）　佐藤進一『〔新版〕古文書学入門』（法政大学出版局、一九九七年）。

（31）　註（2）黒田「戦国大名北条氏の他国衆統制（一）」は、松田憲秀とその「指南」を受けている松田衆・上田衆・臼井衆・酒井伯耆衆の軍勢が、軍事行動において同陣している点を指摘している。

終　章

以上、五章にわたって、戦国期東国の地域権力が発給した起請文について、料紙(牛玉宝印)等の古文書学的特徴、交換に至るまでの政治過程、発給・徴収手続等を検討した。ここでは、本書を構成する各章の内容をまとめ、今後の課題を述べて結びとしたい。

第一章・第二章では、起請文の料紙を中心とした古文書学的特徴を精査し、戦国期地域権力の文書作成の一端について言及した。特に、佐竹氏・南奥領主層・北条氏照の場合、全体として、発給時期や受給者にかかわらず、それぞれ異なる版木で刷られた料紙を使用していたため、各領主が多数の牛玉紙入手ルートをもち、個別に起請文料紙として使用していたことを指摘した。こうした「那智瀧宝印」の版木の形式等、起請文料紙の特徴については、牛玉宝印として「那智瀧宝印」を使用した「揚北衆」等の越後領主の起請文においても、ほぼ同様の傾向がうかがわれる。

これに対して後北条氏当主の場合、永禄中頃から後期頃の起請文には、同一版木から刷られた「那智瀧宝印」が料紙に使用され、さらに料紙の紙質・大きさについてもほぼ共通の特徴が確認できるため、特定版元の「那智瀧宝印」を起請文料紙に使用していたことが明らかとなった。このような起請文料紙を統一する志向性は、後北条氏の文書作成の仕組みが成熟したものであることの一端を示すものとみられる。

第三章と補論では、宇都宮一族の笠間氏と武茂氏が上部権力と起請文を交換する歴史的背景、服属過程、起請文交換後の動向を追究した。ここでは特に、笠間氏が起請文を交換して服属する過程において、宇都宮氏・佐竹氏の宿老クラスの領主（芳賀氏・佐竹北家）が取次として笠間氏の進退を保証したこと、笠間氏当主・家中が宇都宮氏当主へ個々に起請文を提出する等、起請文交換の重層性が見られたこと、寺・僧籍の家臣が和平交渉に一定の役割を果たしたこと、を指摘した。芳賀氏・佐竹北家の役割は、起請文を交換し国衆の進退の保全を担うという後北条氏の「指南」のそれとほぼ同様であると言える。

第四章では、常陸佐竹氏の起請文と起請文言を含む書状・判物を網羅的に検出し、内容・発給契機・手続等について、比較検討を試みた。起請文と起請文言を含む書状・判物は、その多くが軍事的進出、「洞中」・家中支配の諸問題を契機として発給され、領主層の進退保証を主旨としている点では同様であるが、書状等の方は、手続で案文を取り交わさない等、起請文より略式的である。起請文または起請文言を含む書状・判物のどれが発給されるかは、佐竹氏権力と受給者との関係、誓約内容の性質によることが指摘できる。佐竹氏は戦国期の急速な勢力の拡大に伴い、様々な領主層を抱えるようになったことを背景として、領主層を掌握し統制下に置くため、定型的な起請文の他、内々に地位や利益を保証する起請文言を含む書状を多数発給したものと思われる。

第五章では、後北条氏の起請文と起請文言を含む判物・書状について、佐竹氏同様の分析手法で検討した。後北条氏は、起請文の受給者との関係、誓約内容、発給目的等によって、起請文または起請文言を含む判物・書状を発給していたと推測される。また、服属する領主層から起請文を徴収する方法については、攻城戦や番役引継等の際、最終的に北条本家へ起請文を集めるために、当主の意向を受けた一門・重臣層を通じて、案文送付・起請文徴収を行っていたことを見通した。

ここで、本書を構成する各章での検討によって明らかとなった、佐竹氏と後北条氏の起請文に関する相違点について、若干の卑見を述べたい。

起請文の内容・発給契機、領主層の服属過程については、佐竹氏と後北条氏で共通した側面が見られる。具体的には、①服属者等の進退保証を主旨とした起請文が多数見られる、②軍事的契機に基づく起請文発給が見られる、③宿老クラスの領主も取次として当主とともに服属者と起請文を交換する、④起請文交換に至る過程で、条件交渉、案文の作成・提示が見られる、等である。

また、起請文言を含む書状・判物については、全体としては、内容・発給契機・手続等に明確な相違は認められない。

しかし一方で、起請文の様式や起請文徴収手続については、両者で異質な感がある。後北条氏の場合、起請文料紙（「那智瀧宝印」）に統一性をもたせる志向性や、上からの指揮命令系統に基づく起請文徴収が一部見られるが、佐竹氏の場合、こうした側面は確認できない。両者のこのような相違は、起請文作成や手続の仕組みが佐竹氏より後北条氏の方が組織的であり、成熟した体制であったことを示しているのではないだろうか(1)。

以上の検討結果を踏まえ、今後の課題を二点提示したい。

一点目は、佐竹氏と後北条氏以外の東国の地域権力についても、起請文と起請文言を含む書状・判物を検出して総合的に比較検討し、内容・発給契機・手続等を精査することである。起請文や起請文言を含む書状が見られる上杉氏(2)等の越後領主、上意に基づく起請文徴収が確認できる武田氏(3)等についても、今後検討の余地が残されている。特に、起請文の発給・徴収手続については、史料的制約が予想されるが、手続等に関わったとみられる奉行人層(4)の分析をさらに深める必要がある。

二点目は、起請文料紙等の古文書学的特徴について、西国の地域権力の起請文についても、基礎的事実を集積し、東国の地域権力との比較検討を行うことが挙げられる。例えば、牛玉宝印を使用した毛利氏関係起請文には、一紙の中に前書と神文・罰文が記された東国同様の形式が一部確認できる他、[5] 一紙目の前書部分に白紙、二紙目の神文・罰文部分に牛玉宝印を使用しているものが多数見られる。[6] また、牛玉宝印を使用した長宗我部元親起請文は、史料に徴する限り、一紙の中に前書と神文・罰文が記された形式である。[7] こうした点は、各地域・各家によって起請文の様式が異なっている可能性を示すものと思われ、西国の地域権力についても、広く起請文原本を採訪し、慎重に検討していくことが求められる。

註

(1) 佐々木倫朗「戦国期権力佐竹氏の家臣団に関する一考察」(『大正大学大学院研究論集』三八、二〇一四年)も、戦国期佐竹氏の側近・奉行人層を分析した上で、「佐竹氏の上意伝達組織は、権力側の意志を一方的に伝達する体制としては、未成熟な体制であった」と述べている。

(2) 上杉氏の起請文言を含む書状には、(弘治二年)八月十七日付長尾景虎書状(上杉家文書〈以下煩雑となるため、原則として文書名は省略〉、『上越市史』別編一上杉氏文書集一№一三六)、(永禄六年)十二月十一日付上杉輝虎書状(同№三七二)、(永禄十二年)三月一日付上杉輝虎書状写(同№六七四)等がある。

(3) 関連するものとして、(天正三年ヵ)八月十日付武田家朱印状(『戦国遺文　武田氏編』〈以下『戦武』と略す〉№二五一四)、天正三年十二月十六日付武田家朱印状写(『戦武』№二五五五)、天正三年十二月十六日付武田家朱印状写(『戦武』№二五五六)、(天正七年)十一月十六日付武田家朱印状写(『戦武』№三一九四)等がある。

(4) 註(3)『戦武』№三一九四からは、「奉行人」の関与がうかがわれる。なお、奉行人層に関する近年の特筆すべき研究については、註(1)佐々木論文の他、黒田基樹「北条家朱印状の奉者について」(同『戦国大名北条氏の領国支配』第十

一章、岩田書院、一九九五年、初出一九九一年）、丸島和洋「武田氏の領域支配と取次」（同『戦国大名武田氏の権力構造』第九章、思文閣出版、二〇一一年、初出二〇〇八年）等がある。

（5）天文二十三年五月二十二日付毛利元就・同隆元連署起請文（右田毛利家文書、『山口県史』史料編中世三所収）、永禄十三年九月二十五日付毛利元就・同輝元・小早川隆景連署起請文（村上家文書、同書所収）。これらは、東京大学史料編纂所所蔵写真帳で確認した。

（6）こうした形式の毛利氏関連起請文のうち、埼玉県立文書館寄託「井原家文書」（山口県文書館編『萩藩閥閲録』第一巻巻二十九所収）に含まれる、以下の戦国期毛利氏関連起請文六点（宛所は全て伊賀与〈余〉三郎、巻装、No.は埼玉県立文書館編『諸家文書目録』Ⅶ〈二〇〇九年〉目録番号）を原本調査することができた。

・天正九年八月十九日付小早川隆景他四名連署起請文（No.85－1）
・天正十年正月二十一日付毛利輝元起請文（No.85－2）
・天正十年六月九日付小早川隆景他二名連署起請文（No.85－3）
・天正十一年閏正月十二日付毛利輝元起請文（No.85－4）
・天正十一年正月十二日付小早川隆景・吉川元春連署起請文（No.85－5）
・天正十二年九月九日付小早川隆景起請文（No.85－8）

全て継紙であり、No.85－1～5は一紙目に白紙、二紙目に「那智瀧宝印」を翻して起請文を認める形式で、No.85－8は二紙とも白紙である。これらの継ぎ方は、全て起請継である。また、血判については、原本を実見した限り確認できない。さらに、牛玉紙の紙質は全て楮紙と思われ、大きさは縦約二〇㌢前半、横約三〇㌢前後、「那智瀧宝印」それぞれの字の上付近に計五つ朱印が押されている。「那智瀧宝印」の版木については、No.85－4とNo.85－5が同版と推測されるが、他は全て異種の版木で刷られた「那智瀧宝印」を起請文料紙として使用している。

（7） 長宗我部氏関連起請文のうち、金子文書に含まれる天正九年七月二十三日付長宗我部元親起請文（『愛媛県史』資料編古代・中世№二二六六）、天正十二年七月十九日付久武親直起請文（同№二四二二）について、原本調査の機会を得た。両起請文とも、料紙として「那智瀧宝印」を翻して使用し、紙質は楮紙と思われ、大きさは縦約二三センチ、横約三〇センチ前後、「那智瀧宝印」それぞれの字の上付近に計五つ朱印が押されている。「那智瀧宝印」の版木は異種であり、久武親直起請文のみ血判が確認できる。また、天正六年九月十二日付長宗我部元親起請文（高知県立歴史民俗資料館所蔵「浜文書」〈同館編集・出版『長宗我部氏と宇喜多氏』所収、二〇一四年〉）も、神蔵（倉）牛玉宝印一紙を翻して起請文を認めている。

初出一覧

序　章　新稿

第一章　「戦国期東国領主の起請文に関する基礎的考察―佐竹氏と後北条氏の比較検討を中心に―」（『古文書研究』七三、二〇一二年）と「戦国期南奥領主の起請文に関する基礎的考察」（『栃木県立文書館研究紀要』一四、二〇一〇年）第三節・第四節をもとに記述

第二章　新稿

第三章　「笠間氏の服属過程―起請文の交換に着目して―」（『栃木県立文書館研究紀要』一五、二〇一一年）に一部加筆・修正

補論　「中世後期における武茂氏の動向」（『歴史と文化』九、二〇〇〇年）に大幅に加筆・修正

第四章　「戦国期佐竹氏の起請文に関する一考察―判物形式と書状形式の比較検討を中心に―」（『栃木県立文書館研究紀要』一七、二〇一三年）に大幅に加筆・修正

第五章　新稿

終　章　新稿

※再録にあたって、旧稿から見解を大幅に改めた箇所には一部注記を加えたが、すべてではない点をお断りしておく。

あとがき

本書は、二〇〇〇年から二〇一三年まで発表してきた主に起請文に関する拙稿をもとに、新たに小稿四本を加えて構成したものである。

静岡大学では学部・修士課程の四年間、小和田哲男先生のゼミに所属し、歴史研究の方法を学ぶことができたのは、望外の幸せであった。先生は私のような者に対しても常に温かで、大学院修了後も変わらぬ懇切丁寧なご指導・ご教示をいただいている。また、副ゼミでは沼尻晃伸先生の日本経済史を学び、中世史以外の様々な文献を読む機会を得た。先生との議論は酒席も含めて尽きることがなく、学問を多角的に学ぶことの大切さを改めて実感できた。

教育学部四年次、卒業論文を作成するに際して、当時栃木県立文書館で勤務されていた江田郁夫先生とお会いすることが叶った。先生はその後、論文に関する様々な相談に乗ってくださり、卒業論文「中世後期における武茂氏の動向」(本書補論「武茂氏の動向」の旧稿)を『歴史と文化』(栃木県歴史文化研究会編)へ投稿する労までおとりくださった。今読み返しても表現の稚拙さや論理的表現の不十分さが目立つ内容ではあったが、これが自身の研究の出発点となった。

県立高校の教員として採用・勤務後、栃木県立文書館へ思いがけず異動となった。文書館では、古文書の収集・整理・保存・活用、授業支援をはじめとした普及教育事業、各種展示など様々な業務を担当させていただいており、そうした中で貴重な中世文書の原本を多数拝見する機会を得た。また、昨年度から古文書専門員として荒川善夫先生が着任され、業務上のサポートとともに、折に触れて歴史研究に関する様々なご助言をいただいていることは、非常に心強く感じている。常日頃から文書館職員の皆様をはじめ、多くの方々にお世話になっているが、特に、文書館へ異動後、松本一夫先生の下で勤務できたことは、自分の人生にとって大きな転機となった。先生からは、歴史研究への真摯な姿勢や論文執筆の方法、さらには古文書を用いた歴史教育の在り方など、数多くのことを学ばせていただいた。また先生は、文書館から異動後も、中世文書の原本調査や『唐沢山城跡調査報告書　別冊史料集』の編纂等にお誘いくださり、今回さらに、岩田書院への紹介の労をとってくださった。

私が、歴史の勉強を続けることができたのは、こうした方々のおかげである。改めて御礼申し上げたい。また、先学による学恩、貴重な史料を閲覧させていただいた史料の所蔵者・所蔵機関、出版にあたって大変お世話になった岩田書院の岩田博氏に対して厚く御礼申し上げたい。

最後に、この場を借りて、私を常に支えてくれている家族に深く感謝したい。

二〇一五年十二月

月井　剛

著者紹介

月井　剛（つきい・ごう）

1976年　栃木県生まれ
1999年　静岡大学教育学部卒業
2001年　静岡大学大学院教育学研究科修了
　　　　栃木県公立学校教員
現　在　栃木県立文書館指導主事

［主要論文］
「宇都宮国綱発給文書調査報告」（『栃木県立文書館研究紀要』第16号、2012年）
「〔史料紹介〕大庵寺「念仏日記」」（『栃木県立文書館研究紀要』第18号、2014年）
［共著］
『唐沢山城跡調査報告書　別冊史料集』（佐野市教育委員会、2013年）

戦国期地域権力と起請文《きしょうもん》　　岩田選書◎地域の中世17

2016年（平成28年）1月　第1刷　800部発行　　**定価［本体2200円＋税］**

著　者　月井　剛

発行所　有限会社 岩田書院　代表：岩田　博　　http://www.iwata-shoin.co.jp
〒157-0062　東京都世田谷区南烏山4-25-6-103　電話03-3326-3757 FAX03-3326-6788
組版：伊藤庸一　　印刷・製本：藤原印刷　　Printed in Japan

ISBN978-4-86602-942-9 C3321 ¥2200E

岩田選書◎地域の中世

①	黒田 基樹	扇谷上杉氏と太田道灌	2800円	2004.07
③	佐藤 博信	越後中世史の世界	2200円	2006.04
④	黒田 基樹	戦国の房総と北条氏	3000円	2008.09
⑤	大塚 勲	今川氏と遠江・駿河の中世	2800円	2008.10
⑥	盛本 昌広	中世南関東の港湾都市と流通	3000円	2010.03
⑦	大西 泰正	豊臣期の宇喜多氏と宇喜多秀家	2800円	2010.04
⑧	松本 一夫	下野中世史の世界	2800円	2010.04
⑨	水谷 類	中世の神社と祭り	3000円	2010.08
⑩	江田 郁夫	中世東国の街道と武士団	2800円	2010.11
⑪	菅野 郁雄	戦国期の奥州白川氏	2200円	2011.12
⑫	黒田 基樹	古河公方と北条氏	2400円	2012.04
⑬	丸井 敬司	千葉氏と妙見信仰	3200円	2013.05
⑭	江田 郁夫	戦国大名宇都宮氏と家中	2800円	2014.02
⑮	渡邊 大門	戦国・織豊期赤松氏の権力構造	2900円	2014.10
⑯	加増 啓二	東京北東地域の中世的空間	3000円	2015.12
⑰	月井 剛	戦国期地域権力と起請文	2200円	2016.02

戦国史研究叢書　②後北条領国の地域的展開（品切）

①	黒田 基樹	戦国大名北条氏の領国支配	5900円	1995.08
③	荒川 善夫	戦国期北関東の地域権力	7600円	1997.04
④	山口 博	戦国大名北条氏文書の研究	6900円	2007.10
⑤	大久保俊昭	戦国期今川氏の領域と支配	6900円	2008.06
⑥	栗原 修	戦国期上杉・武田氏の上野支配	8400円	2010.05
⑦	渡辺 大門	戦国期赤松氏の研究	7900円	2010.05
⑧	新井 浩文	関東の戦国期領主と流通	9500円	2012.01
⑨	木村 康裕	戦国期越後上杉氏の研究	7900円	2012.04
⑩	加増 啓二	戦国期東武蔵の戦乱と信仰	8200円	2013.08
⑪	井上 恵一	後北条氏の武蔵支配と地域領主	9900円	2014.10
⑫	柴 裕之	戦国織豊期大名徳川氏の領国支配	9400円	2014.11
⑬	小林 健彦	越後上杉氏と京都雑掌	8800円	2015.05
⑭	鈴木 将典	戦国大名武田氏の領国支配	8000円	2015.11